# YO puedo ser un MAESTRO ASCENDIDO con las enseñanzas de SAINT GERMAIN

D1562260

## Akari Berganzo

## EL LIBRO MUERE CUANDO LO FOTOCOPIAN

Amigo lector:

La obra que tiene en sus manos es muy valiosa. Su autor vertió en ella conocimientos, experiencia y años de trabajo. El editor ha procurado una presentación digna de su contenido y pone su empeño y recursos para difundirla ampliamente, por medio de su red de comercialización.

Cuando usted fotocopia este libro o adquiere una copia "pirata" o fotocopia ilegal del mismo, el autor y editor no perciben lo que les permite recuperar la inversión que han realizado.

La reproducción no autorizada de obras protegidas por el derecho de autor desalienta la creatividad y limita la difusión de la cultura, además de ser un delito.

Si usted necesita un ejemplar del libro y no le es posible conseguirlo, escríbanos o llámenos. Lo atenderemos con gusto.

EDITORIAL PAX MÉXICO

Título de la obra: *Yo puedo ser un Maestro Ascendido con las enseñanzas de Saint Germain*

COORDINACIÓN EDITORIAL: Gilda Moreno Manzur
DIAGRAMACIÓN: Ivette Ordóñez P.

© 2014 Editorial Pax México, Librería Carlos Cesarman, S.A.
      Av. Cuauhtémoc 1430
      Col. Santa Cruz Atoyac
      México DF 03310
      Tel. 5605 7677
      Fax 5605 7600
      www.editorialpax.com

Primera edición
ISBN 978-607-9346-11-9
Reservados todos los derechos
Impreso en México / *Printed in Mexico*

## DEDICATORIA

Quiero dedicar este libro a mi mamá y a la memoria de mis queridísimos pilares, sin los cuales no sería hoy el ser humano que soy. Gracias por haber tocado mi vida y mi alma con su existencia.

Zoila Rodríguez Berganzo
Gustavo Rodríguez Berganzo

Gracias infinitas a cada ser humano y ser astral por hacer posible este libro, los amo a todos.

*Akari*

# AGRADECIMIENTOS

Mis agradecimientos más sinceros:

Al arquitecto Gerardo Gally, por abrirme las puertas en Editorial Pax, por el voto de confianza al apostar por este proyecto, y a todo el personal involucrado en el desarrollo de esta obra. Gracias infinitas por estar aquí, por el cuidado prestado al material y por ser parte de este proyecto.

A Gilda Moreno, por el fino trabajo de corrección de estilo, por su profesionalismo y por permitirme ser parte del proceso.

Al Maestro Ascendido Saint Germain, por confiar en mí y por haberme brindado su confianza al entregarme este texto para compartirlo con toda la humanidad.

Mi sincero y humilde agradecimiento al universo mismo por esta nueva oportunidad de ofrecerme su apoyo incondicional y su infinito amor.

Al lector por comprar este libro, confiando así en el mensaje, y por invertir su tiempo al leer el mismo.

É ste es un libro con un solo capítulo. En sus páginas se encuentra el conocimiento necesario para que un alma humana alcance su purificación y elevación espiritual con el fin de que en un futuro astral ese ser logre convertirse en Maestro Ascendido.[1]

El Maestro Saint Germain me ha visitado múltiples veces y durante esas visitas me ha dictado cada frase aquí incluida que, junto con otras, conforman este libro. Las presento en el orden que él les asignó. A diferencia de *Violetas de amor*, donde se expresa sobre diferentes temas, en *Yo, Maestro Ascendido* aborda un único tema: el alma humana, su conocimiento, descripción y desarrollo.

Me sumo al agradecimiento expresado por el Maestro Saint Germain por brindarnos su tiempo y su confianza para entregar al lector estas páginas.

*La autora*
*(o, mejor dicho, la secretaria de Saint Germain)*

---

[1] Es decir, un alma que ha evolucionado hasta la perfección tras varias experiencias de vida y que cuando está lista para ascender al plano astral eleva sus partículas sin necesidad de pasar por el tránsito de la muerte.

Ningún alma llegará a ser Maestro Ascendido de un día para otro, pero si ustedes comienzan a transmutar sus malos hábitos de conducta, sus sentimientos y pensamientos negativos, un buen día lo lograrán.

Hermanos míos, dedico este libro a todos los seres humanos que continuamente se buscan a sí mismos intentando descifrar su interior y su divinidad y procurando la ascensión de su existencia.

Cada paso que den hacia la comprensión de su alma, hacia el respeto absoluto de los altos sentimientos y de toda forma de vida, les acercará más al cumplimiento de su verdadera misión divina. Sientan amor y fe en que la recompensa será total y está más próxima de lo que imaginan.

Llegó el momento en el que el ser humano no puede permitirse seguir perdiéndose, bien sea como resultado de la ignorancia o la indulgencia, en los falsos caminos de la ceguera social. No hay tiempo disponible para continuar viviendo en la senda de la oscuridad ni en la de la perdición. Cada alma es bendita, divina, y tiene la obligación y las herramientas necesarias para evolucionar salvaguardándose de los errores de su pasado.

Es fundamental que avancen en su evolución puesto que nadie más lo hará por ustedes, nadie los esperará. No tomen más tiempo para seguir perdidos en las erradas ideas y acciones del oscurantismo del medievo, esto ya no es admisible. De persistir en lo que han hecho hasta ahora, los únicos afectados y heridos serán ustedes mismos.

Dirijan sus acciones al amor y éste los conducirá al más alto respeto y evolución. Reconózcanse como extensión de la madre Tierra y bendíganla cada día enviándole su amor y respeto. Apliquen la técnica de hoponopono[2] diciendo "lo siento, te amo, perdóname, gracias". Ella necesita esta derrama de hermosos sentimientos. Ahora más que nunca Gaia pide y requiere ese amor. De no dárselo seguirán suscitándose frecuentes terremotos, tsunamis, incendios forestales, inundaciones y crecidas de ríos.

Cambien sus pensamientos, acciones de vida e intenciones usuales hacia sus semejantes, hacia todos sus hermanos animales o personas, o bien hacia los seres astrales. Honren su divinidad y, por tanto, la unidad con su entorno y todas sus criaturas, sin importar si de ellas no reciben el amor que esperan. Comprendan que su principal fuente de amor, respeto, bendiciones y sostén está dentro

---

[2] Esta antigua y fácil técnica de sanación originaria de Hawai fue difundida por el doctor Hew Len. La palabra hoponopono quiere decir corregir un error y forma parte del sistema de curación huna.

de su propia alma, esperando cariñosamente a que ustedes se atrevan a autoinspeccionarse para descubrirla y reconocer el potencial sanador que existe en todas las almas.

Amados hermanos de la Tierra, ahora quiero compartir con ustedes el conocimiento del sendero que debe recorrer un alma para conseguir ser promovida hasta convertirse en un Maestro Ascendido, con la esperanza de que cada una de las que lean estas líneas pueda llegar a serlo. Ésa es mi meta desde hace muchos siglos.

El alma humana tiene forma y color. Las buenas son de color blanco brillante y las enfermas de maldad, de color gris oscuro; pueden verse, tal cual se aprecia en los salones llenos de humo para fumadores, como una pesada capa gris en el interior del cuerpo. Cuanto más acciones incorrectas y lascivas cometa ese ser, más oscuro será el gris que su alma adquirirá cada día. Por su parte, las almas que son poco evolucionadas (las grises), que aún no saben reconocer su divinidad espiritual, deberán atravesar por un largo proceso de purificación. Esto significa pasar vida tras vida durante muchos siglos antes de que puedan empezar a comprender sus errores y emprender el camino hacia la liberación espiritual.

Pero déjenme darles una buena noticia: la evolución siempre llega porque no se puede ser un alma pura si no se comenzó por tener la necesidad de purificarse. Por consiguiente, toda alma, incluso las de nosotros, los maestros ascendidos, pasó antes por un proceso evolutivo y de purificación. En efecto, aun Yoshua debió experimentar este proceso de purificación interior antes de estar preparado en aquella reencarnación donde fue crucificado. Sí, éste fue un acto valiente para sanear karma,[3] por increíble que pueda resultar ante los ojos de ustedes.

Todo proceso evolutivo es doloroso porque implica comprender y aceptar el mal que producimos, al pasar por la vida terrenal, en la vida de terceras personas. Lo terrible es que en muchas ocasiones tal situación se suscita aunque en el fondo exista un gran amor hacia los mismos seres a quienes se hiere, y esto no es por maldad sino simplemente por falta de comprensión de la grandiosidad del alma humana.

---

[3] Palabra en sánscrito que significa acción. Consiste en las acciones anteriores que generaron una deuda al alma, la cual debe ser saldada durante esta existencia al afrontar lecciones emocionales, económicas o de falta de salud similares a aquellas que ocasionó en otra existencia anterior y que causaron daño a otros seres. En esta vida el ser deberá afrontar la misma situación a la inversa. Mediante esta acción el universo equilibra la situación, esperando que el ser aprenda la lección para que no vuelva a cometer el mismo error.

Según lo anterior, aquel que nos lacera es un alma poco evolucionada que todavía no sabe comprender que el amor nunca debe lastimar a los demás. Por el contrario, ha de impulsarlos a crecer, a convertirse en mejores seres humanos; debe promover el crecimiento espiritual y las oportunidades del ser a quien se ama.

Sin embargo, si se enfrentan al caso en el que, por ejemplo, sus padres, abuelos, hermanos o hijos los hieren, es necesario entender que son almas en un proceso primario de evolución.

Entonces, desde nuestra evolución es esencial bendecirlos y no prestar atención a sus palabras porque un ser evolucionado que cree en las palabras de uno que no lo es y permite que éstas lo lesionen es comparable a una persona que posee el más alto nivel académico y discute de filosofía con un niño que apenas comienza a ser capaz de pronunciar sus primeras palabras.

Así, todo ser no evolucionado será ese niño que inicia este proceso y por mucho que lo amen es fundamental jamás creer en sus palabras negativas que sólo les lastimarán y frenarán su proceso evolutivo, uno que no debe cesar porque incluso los maestros ascendidos evolucionamos a cada instante.

La evolución de un alma es infinita.

La religión en general indica que siempre honrarás a tu padre y a tu madre por el solo hecho de serlo, y esto es una falacia. Si quiere ser respetado, el ser humano debe trabajar y ganarse ese respeto, especialmente cuando se trata de la figura de los padres. Muchas veces observamos que hijos muy evolucionados no tienen padres muy evolucionados y la explicación de tal fenómeno es muy fácil: en el planeta Tierra existen tres veces más almas nuevas que viejas. Las almas viejas son muy evolucionadas, situación en la que la gran mayoría solicita dejar en forma definitiva la existencia humana y pasar a un plano astral.[4] Al ser promovidas a éste mediante la muerte, no desean volver a la Tierra.

De este modo, en la Tierra hay infinidad de almas jóvenes poco evolucionadas que requieren una excelente tolerancia por parte de las pocas almas viejas que la habitan. Por lo mismo, resulta imposible a toda alma vieja brindar a las jóvenes

---

[4] En efecto, un alma es muy evolucionada cuando lleva muchas experiencias en el plano físico, es decir en vida. Sin embargo, en algunos casos logra evolucionar mucho más rápido que el tiempo promedio y no necesariamente tiene que ser vieja.

un entorno en el planeta en el que cada persona con la cual interactúen sea un alma vieja. Además, como dije antes, el hecho de que un alma forme parte desde hace más tiempo de la vida terrenal no significa que sea siempre más evolucionada que un alma de menor edad cronológica, hablando en un plano terrenal. En ocasiones es verdad que el alma vieja es la del padre o madre quien, sin duda, por su bagaje acumulado de vivencias de vidas pasadas, logrará desempeñar un maravilloso papel ante sus hijos como mentor o mentora. Sin embargo, en muchas otras ocasiones toca a los hijos ser los mentores de sus padres para abrirles las puertas al conocimiento de la vida astral y ayudar así a que otra alma pueda evolucionar.

Cada alma debe amarse y amar a otras, no sólo con el amor entre un hombre y una mujer o entre padres e hijos sino desde la comprensión de que cada una de ellas formó o formará parte importante en su entorno de amor en otra existencia pasada o en una existencia futura. Ustedes y nosotros, todos, somos unidad y debemos procurar el exitoso desarrollo de esta unidad desde todos los aspectos que entraña.

El proceso evolutivo de cada alma es peculiar. Algunas requieren largos ciclos antes de estar listas para pasar al siguiente nivel; otras, en cambio, en un par de meses comienzan su carrera para ser capaces de hacerlo. Nosotros no estamos aquí para exigirles que cada uno de ustedes siga sus estudios –por así decirlo– espirituales en un determinado tiempo, eso no nos inspira.

Tampoco sería fácil ver súbitamente al planeta Tierra libre de cualquier vida humana por encontrarse todas las almas al mismo tiempo en el plano astral. Eso rompería el equilibrio natural de la vida y no nos permitiría darle la atención indicada a todas las almas que llegan cada año al plano astral.

Pero lo fundamental de esta información, de esta enseñanza del desarrollo espiritual, es que comprendan que ustedes –al igual que nosotros lo hicimos hace tiempo– tienen la oportunidad real de trabajar para convertirse, en un futuro quizá más próximo de lo que imaginan, en un Maestro Ascendido.

Nadie más que ustedes será el arquitecto de su futuro astral y el factor que determina el tiempo para su propia evolución. Desde pequeños saben qué está bien y qué está mal, con excepción de algunos puntos que la religión indica, no en busca de la purificación de su alma sino en busca de recibir más dinero de sus bolsillos. Los principios fundamentales son no matar, no mentir, no robar, no estafar, no dañar, no odiar. Y ¿cuáles son los vehículos para cumplirlos?: el amor, el perdón, la liberación, la paz y las bendiciones.

Cada uno de ustedes posee la capacidad de ser en un futuro un Maestro Ascendido. Sé que les es difícil considerar una existencia libre de todo error humano posible, sé que quizá los más difíciles de sanear sean matar y odiar, y subsanarlos requiera más existencias terrenales. Aquellos que en su pasado hayan robado sin violencia y hayan reconocido por sí mismos en su interior el sincero arrepentimiento por sus actos, sepan que pueden remediar este hecho al efectuar donaciones a los más necesitados, siempre que las mismas se hagan de todo corazón.

Es prácticamente imposible tener un currículo de vidas inmaculado, pero con esfuerzo, amor y comprensión a nivel consciente, pueden cuidar que cada vida, cada mes, cada año, su existencia sea más pura, más divina, más alejada de los grandes errores y ausencias de amor que aquejan a la humanidad. Ausencia de amor equivale a matar, odiar, profanar las pertenencias de los vivos y de los muertos, pero también intrigar y lacerar a los demás.

Comprendan que no importa cuán difícil sea aceptar sus propios errores en su proceso evolutivo. Jamás deben permitirse culpar a los demás –familia, amistades o sociedad– por su realidad presente, por más injustas que sean las circunstancias externas. Ustedes son sólo el resultado de su propio proceso evolutivo confrontado consigo mismos y todo lo demás es circunstancial. Por consiguiente, es posible encontrar a grandes seres de luz que han sido creados por padres poco evolucionados como es el caso de asesinos o violadores.

Sin importar si su contexto social, laboral y familiar no es el indicado, siempre deben velar por la elevación de su alma, que es la única pertenencia real que tienen y que podrán llevar con ustedes al mundo astral. Con base en este fundamento, eliminen todo apego a las cosas terrenales porque cuanto más amen las posesiones terrenales, más lejos estarán de amar su alma. Y es que cuanto más se aman éstas, más errores comete un alma en busca de satisfacer las necesidades de posesión. Cuanto más busca un alma obtener estas posesiones, más vacía está del amor fundamental que requiere.

Un alma vacía de amor es una que grita desde su interior para que el ser humano que la posee la ayude a evolucionar. Desde su yo inferior, el ser humano decodifica erradamente esa necesidad decretando que el grado de felicidad del que goce dependerá de la cantidad de dinero y bienes que tenga. Tal actitud únicamente lo sumerge en una espiral decadente de infelicidad en la que cada acción lo conduce a cometer más errores y a acumular más karma.

Ningún ser humano debe jamás considerar que la perdición de su alma se debe a algún culpable que no sea él mismo y para emprender un desarrollo espiritual deberá iniciar por entender y aceptar este hecho. Desde este nuevo concepto, es indispensable que acepte que el karma acumulado por él deberá saldarse y, de igual modo, comprenda que cada acción que realice en su vida es una nueva oportunidad de reflexionar antes de cometer más errores y así evitar seguir con esa acumulación de karma.

Nadie tiene mayor compromiso con su alma que ustedes mismos y ésta es la oportunidad real de destacar entre los demás desde un modo elevado y de infinito amor. No importa si otras personas consideran su existencia poco relevante por no tener bienes materiales; mientras ustedes trabajen para que su alma sea más inmaculada cada instante, se dirigirán a su propio centro espiritual, estarán en armonía con todos sus cuerpos –físico, mental, astral y áurico– y al comprenderlo lograrán dar grandes pasos hacia la liberación y purificación de su alma.

Sin embargo, el que un alma esté poco evolucionada no significa que no exista en su interior luz divina, la luz está en cada alma. Sencillamente, algunas almas aún no se han atrevido a mirar en su interior en busca de cubrir sus principales necesidades. Cada necesidad humana debe ser primero cubierta desde su plenitud espiritual, entendiendo que ni siquiera su cuerpo es una posesión, sino una simple herramienta que les permite conducirse en la Tierra.

De acuerdo con este mismo principio, procuren su bienestar y respétenlo, pero tampoco se aferren a él observando y sobrevalorando la belleza exterior propia o ajena porque la misma tiene poco o ningún valor si en su interior no mora un alma valiosa. La belleza funge como motivación, pero no existe si en su interior no se cultivó. Busquen obtener todo lo que anhelen bajo el principio de reconocerlo y aceptarlo con su justo valor. Aunque se haya pagado un precio elevado por un objeto, no deja de ser una cosa sin la más mínima importancia. Recuerden, al morir no podrán llevarse con ustedes nada que no sea su alma.

Por lo mismo, deben esforzarse para brindar gratitud a quien les ha regalado desde una sonrisa sincera hasta una ayuda noble y desinteresada en momentos difíciles de su existencia. Nunca paguen con un mal a quien les ha pagado con un bien y aquí me refiero a todo, desde no emitir palabras lacerantes a alguien que desinteresadamente te ha tendido la mano, hasta no intrigar en su contra o intentar hacerle cualquier tipo de mal.

Quiero incluir aquí la traición porque, tristemente, gran parte de los seres humanos consideran que por intereses económicos tienen derecho a destruir matrimonios ajenos con el pretexto de ser ellos solteros. El hecho de que alguien sea libre para comenzar una relación por carecer de un compromiso previo con otro ser humano no significa que tenga el derecho de destruir un camino conjunto que otras dos almas pactaron, sean cuales sean las circunstancias. Quienes sostienen una relación de convivencia o matrimonio con o sin hijos tampoco tienen el derecho de buscar fuera de su relación lo que creen no reconocer en ella.

 ## FRATERNIDAD ESPIRITUAL

Si su relación sentimental no funciona como lo esperan, es importante que comprendan que en un cincuenta por ciento la responsabilidad es de ustedes mismos y en tanto no resuelvan esas carencias de modo interno con su propia alma, en tanto no logren reconocer y sanear el problema interno que tienen consigo mismos, podrán comenzar mil relaciones más pero siempre estarán en camino de naufragar. Recuerden, ambos casos generan karma: tanto el que acepta sostener una relación con un ser que ya tiene un compromiso previo como aquel que, antes de terminar una relación sentimental de un modo sano, sincero y directo, en lugar de actuar con dignidad y sinceridad, decide pasar por encima de un compromiso que por su voluntad previamente pactó y tomar un camino errado. No genera karma alguno, siempre y cuando se haga de modo directo, franco, no ofensivo y frontal, decirle a otro ser humano "ya no te quiero, pero te respeto y por lo mismo te pido que terminemos esta situación". Sin embargo, sí lo generarán si intentan comenzar una relación sin antes haber terminado un compromiso anterior.

El alma cuenta con escalas vibratorias similares a las escalas musicales. Estas escalas vibratorias están relacionadas con los estados de ánimo y de desarrollo espiritual, y gracias a ellas ustedes pueden presentir peligros potenciales o bien entrar en niveles de relajación profunda. Las escalas de las que hablo están presentes en todo ser vivo y son falsamente consideradas como instinto de supervivencia. Son las que hacen que una madre animal reconozca a sus crías y las responsables de que un bebé duerma más tranquilo cuando está colocado junto al pecho de su madre. Ayudan a entablar una afinidad entre un alma y otras almas, en especial con sus hijos –sobre todo en edades tempranas–, y ayudan a la madre a saber que su hijo se encuentra en peligro al actuar como señal de alarma presente aun mucho antes de que el peligro sea inminente.

Su alma, hermanos míos, es su motor divino, el cual deberán cuidar para su perfecto funcionamiento porque en ella radica su inteligencia divina.

El alma humana pesa 21 gramos, pero es mucho más que eso, es una superficie que absorbe tanto el bien que han efectuado como el mal que han causado durante su existencia y estas acciones producirán reacciones químicas en su organismo. Cuando se trata de un ser de luz las reacciones serán más energía, mejor cicatrización de las heridas y recuperaciones más rápidas para los enfermos. Cuando el alma está contaminada por las bajas energías causadas por acciones malignas las reacciones serán mirada turbia, pesadez en el cuerpo, alejamiento de los seres de luz de su vida y malos olores corporales, ya que a nivel áurico se sentirán repelidas, así como problemas más graves de salud como mala digestión o la autoproducción de la bacteria que genera la gangrena.

Las reacciones que su cuerpo físico produce por sí mismo sin motivo aparente alguno son el último sistema de alarma del que dispone para informarles que algo en su interior no está bien. Por equivocado que pueda parecer a los médicos, es real que toda enfermedad física está íntimamente relacionada con algún problema prevaleciente en lo más profundo de su alma. Por consiguiente, deben aprender a mirar qué ocurre en esas profundidades, a reconocerse en su propia alma, a pensar siempre primero en el bien de ésta y después en el bien material.

Si aprenden a conducirse colocando en la lista de sus prioridades primero su alma y después el resto de sus acciones, las emprenderán desde un nivel más evolucionado con consecuencias benéficas en todos los aspectos de su vida. Así comenzarán a ver cambios sumamente positivos en todos los ámbitos, incluido el tan sobrevalorado ámbito económico. Pero lo más importante es que empezarán a sentirse bien consigo mismos sin necesidad de engañarse consumiendo drogas, alcohol o tabaco, ya que cuando su alma esté en paz todo el beneficio que se obtenga será auténtico y lo auténtico nadie se los puede quitar, mucho menos cuando radica en su interior.

Necesitan atreverse a entrar en contacto continuo con su alma e intentar plantearse preguntas fundamentales como ¿quién soy en realidad? ¿A dónde necesito llegar para ser liberado? ¿Qué tengo que hacer para vivir en paz? ¿Dónde está cimentado el principal objetivo de mi existencia? ¿Qué puedo hacer para mejorar mi vida? ¿Qué puedo hacer para mejorar la realidad de la existencia humana? Seguramente muchos de ustedes consideran muy dramáticas estas preguntas, pero su trasfondo debe ser la búsqueda espiritual.

Empiecen por dar un pequeño paso para mejorar su relación con su alma. A medida que lo hagan paulatinamente lograrán sentirse más ligeros y de mejor humor, y construir un entorno más positivo, tanto en lo que se refiere a amistades más sinceras y a menos problemas familiares como a relaciones laborales en las que impere una mayor armonía. Recuerden que la luz debe surgir y crecer desde su interior porque es ésta la única que en verdad iluminará su existencia. Cuando fluyan en consonancia con la purificación de su alma y la mantengan siempre limpia, en esa medida el amor en perfección será atraído hacia ustedes.

Nosotros, los maestros ascendidos, iniciamos nuestro sendero como ustedes, morando en la Tierra y cometiendo infinidad de errores que nos generaron un gran karma. Esto nos llevó a encontrarnos un glorioso día ante la necesidad de enfrentarnos a nosotros mismos, reconocer nuestros errores, aceptarlos, perdonarnos por haberlos efectuado y, en la medida de lo posible, pedir perdón directamente a todos los afectados por ellos, por haber ignorado antes sus consecuencias.

Nosotros, como ustedes, debimos llorar, sentirnos derrotados, contemplarnos absolutamente solos, padecer una existencia sin amor hasta el momento en el cual nos fue revelado que la única acción posible para cambiar esta situación era hacer un esfuerzo continuo para aceptar que habíamos errado y olvidado valorar mejor nuestra divinidad. No nos habíamos acercado y mantenido una relación óptima con nuestro ser interior, el ser superior, el sabio que habita en cada ser humano. Ese ser está allí para ayudarles a evolucionar, a comprender que cuanto más sinceros sean consigo mismos menos karma tendrán por delante porque, como consecuencia, se habrán aproximado más a actuar bajo las normas de su yo superior que funge como el director de su ser inferior.

Si comprenden y reconocen que nosotros lo logramos, es importante que admitan que ustedes también pueden hacerlo. Tienen la oportunidad de llegar mañana a ser maestros ascendidos en el plan divino. Este camino requiere amor, una total confianza, mucha disciplina, tolerancia y relajación para abrirse a vivir en un contexto donde el ochenta y cinco por ciento de las almas son jóvenes e inexpertas. Pero también los conduce a autodescubrirse, a evitar ser acreedores a un mayor karma, a satisfacer sus necesidades reales, a sentirse plenos con sus cuerpos físico, mental, astral y áurico. Así serán los verdaderos arquitectos de su elevación astral.

En esta ocasión no les hablaré de diversos temas, me centraré en el proceso evolutivo de un alma humana. Comprendan el gran compromiso que tienen para con ustedes mismos y que es al mismo tiempo la mayor oportunidad que les brinda el universo de reinventarse, purificarse y sanearse después de reconocer que todo comienza y termina con su alma.

Convertirse en un Maestro Ascendido es un proceso evolutivo de un alma humana mucho más sencillo de lo que creen y la principal respuesta para llegar a serlo es vivir con amor y hacia el amor, conduciendo su existencia en este contexto en todos sus aspectos. Quien se guía siempre bajo el concepto verdadero del amor dirige su alma a la purificación y a la elevación; la clave para ser un Maestro Ascendido es amar, volver a amar y reconocer la perfección que se expande, que surge creadora y liberadora a través del amor.

## LA EVOLUCIÓN, EL COMPROMISO DE UN ALMA

El alma humana sufre y goza dependiendo de las acciones que el ser humano realice, y recibe las repercusiones de las mismas como una tormenta eléctrica positiva o negativa que genera descargas tanto en su corazón como en su alma. Ustedes saben que existe en su interior, pero fuera de esto, a grandes rasgos los seres humanos albergan sólo una vaga idea de lo que implica tener un alma.

Para comenzar debo explicarles que no existe un ser vivo que no posea un alma, ésta es lo que distingue a un ser vivo de un cadáver. Desde aquí debemos partir para comprender que el concepto de que un ser viviente vive pero no tiene alma es por completo errado. Si hay vida por regla hay un alma en el interior de ese ser.

Lo anterior también implica que, lo crean o no, en el alma se resguardan sentimientos, heridas internas y cuestionamientos sin resolver. Todo lo que les ocurre no sólo está ligado al corazón, como equivocadamente se piensa; los sentimientos y las heridas emocionales causadas por el paso de la existencia terrenal de una persona se manejan en realidad en tres sitios: su columna vertebral, donde se encuentran también las memorias celulares,[5] su corazón y, por supuesto, su alma. Ésta es la que está más expuesta a sufrir las heridas, ya que es la que lleva el mayor peso de los sentimientos humanos. El alma es, por así decirlo, el director de la orquesta, el corazón es la orquesta y la columna vertebral sería el cerebro

---

[5] Recuerdos asociados a experiencias de vidas anteriores, mismas que pueden ser traumáticas o bien atraer recuerdos plenos. La memoria celular es el vehículo con el cual, a través de las vértebras, se expresan síntomas físicos como dolores, predisposiciones o bienestar que resultan de eventos de alto impacto suscitados en vidas anteriores. Surgen como un recordatorio de que una situación quedó inconclusa, intentando así llamar la atención para trabajar con miras a resolverla o sanarla. Las memorias celulares se acumulan existencia tras existencia, se interrelacionan con la calidad de vida de un ser, y pueden ser positivas o negativas.

que se encuentra detrás para emitir las descargas eléctricas que informan al corazón de la llegada de los sentimientos. Entonces, ¿por qué no prestar atención al cuidado de su alma?

En el alma humana hay capas ligerísimas que si pudieran tocarlas con las manos la sensación sería similar a la levedad de las moléculas del azúcar cuando al contacto con el calor comienzan a conformar un ligero algodón de azúcar. Son amplias fibras extremadamente ligeras y moldeables.

El alma humana también puede compararse a la estructura de una tela con fibras de diferentes orientaciones denominadas trama y urdimbre. Sepan así que el alma humana posee su propia trama y su propia urdimbre. La trama está formada por la información vivida en todas sus existencias anteriores y la urdimbre es tejida y retejida por sus vivencias presentes. Es muy elástica, como un hilo de seda, pero a la vez es muy frágil como si se conformara de filamentos de fino cristal.

Aquí surge lo más interesante de este concepto: cada vez que el ser humano utiliza su mente para efectuar una acción que producirá un mal a otro semejante y algo peor a sí mismo al producir karma, estas fibras de la urdimbre se verán debilitadas. Como resultado, el alma adquirirá mayor irregularidad, lo que provocará que este ser se encuentre más perdido, como desorientado dentro del espacio en relación con la Tierra.

Esta sensación de vacío sólo podrá ser resarcida por una compleja operación matemática que en esencia sería la siguiente: cada filamento de su alma que se rompa deberá ser reparado aplicando 150 mil millones de filamentos y estos 150 mil millones de filamentos requieren al menos 130 mil millones de reencarnaciones, vividas todas en absoluta bondad desde el nacimiento hasta la muerte, sin cometer un solo error.

Así se puede comprender que es mucho más complicado restaurar un filamento de su alma que trabajar en cuidar que no se destruyan dada su extrema fragilidad porque es el único órgano corporal que está ligado al mundo astral. El resto de su cuerpo está integrado por órganos que son del plano físico.

Por su parte, el alma es el único órgano que es cien por ciento astral y que nunca cambia durante todas sus reencarnaciones.

El alma es también el único órgano que los mantiene unidos entre su plano astral y su plano físico, y que fue creado para seguir con ustedes siempre en cualquiera de estos dos planos. Es el único que no se puede trasplantar y cuenta con inteligencia propia fuera del cerebro. Es el único que se transforma en relación con sus acciones, orientándose como un girasol hacia un polo u otro, dependiendo de si dichas acciones son elevadas o inferiores.

Si se preguntan por qué su alma posee inteligencia propia, la respuesta es muy simple: si no la tuviera, ¿cómo podrían ustedes seguir su camino evolutivo al perder su cerebro tras la muerte? Y si después de dejar el plano terrenal un alma no es capaz de pensar y sentir, entonces ese ser sí dejaría de existir, podría hablarse así de un final. Recuerden, sin pensamientos ni sentimientos no hay vida.

Creer que tras dejar un cuerpo físico el alma pierde su capacidad de sentir y de pensar es un gran error. Después de morir el individuo se despide de su pesado cuerpo físico, pero su alma –que es su verdadera esencia divina– es inteligente y plena de sentimientos. Ella viajará ligera a reencontrarse con sus iguales en el umbral de la muerte y a reconocerlos.

# EL ALMA Y LAS ESCALAS VIBRATORIAS

Un alma blanca verá un umbral blanco, mientras que un alma enferma de maldad se encontrará en el umbral de la oscuridad, teniendo aquí que afrontar todos los problemas que este hecho le causará.

Cada alma es por completo diferente de otra tanto en sus bordes como en su capacidad evolutiva. Además, cada una muestra una diferente inclinación entre sus filamentos de trama y urdimbre, por lo que es irrepetible, como una huella dactilar. Sin embargo, todas pesan lo mismo y los médicos no deben seguir intentando justificar la pérdida de esos 21 gramos con el factor de la pérdida de líquidos en un cuerpo humano.

Si alguien pudiera realizar una autopsia a un alma se percataría de que es posible descifrar si ésta es vieja o joven por el grosor de sus filamentos. El sistema de medición sería comparable al de los anillos presentes en el tronco de un árbol. Si los filamentos de la urdimbre son gruesos, combinados con algunos otros ligeramente irregulares en la trama, estaremos hablando de un alma vieja. Por el contrario, si casi todos los filamentos de la urdimbre son ligeros y regulares, el alma será joven. Los bordes también serían diferentes: los de un alma vieja suelen verse un poco difuminados, como desgastados en algunas orillas, en tanto que aquellos pertenecientes a almas jóvenes tendrán un patrón claramente definido en todos los bordes. De igual manera, hay diferencias en los tonos de las almas: las viejas serán de un blanco más profundo, un blanco brillante, y las más jóvenes serán de un blanco pardo; de hecho, cuanto más joven sea un alma, más puntos pardos tendrá.

Comprendan también que en el alma humana opera un medidor de acciones que ustedes no sienten. Digamos que es similar a tener insertado en el cuerpo un microchip conectado a un lector decodificador de esta información, la cual sólo es decodificada en el plano astral. De ahí que no es sólo el color de su alma lo que denotará cuán bien o mal la han cuidado, sino que no existe modo alguno de evitar saldar el justo karma en relación con su cuenta personal.

En resumen, el alma almacena la información de todos sus errores y aciertos en todas sus existencias y dicha información se encuentra en ese medidor de acciones. Sólo la recibirán aquellos seres de luz que, tras su muerte, se encargarán de organizar sus cuentas al momento de presentarse ante el jurado astral para asumir su saldo final a favor y en contra.

Sin embargo, recuerden que quien aplica la sentencia son ustedes mismos, los seres de luz se limitan a exponer el balance de su karma y su darma.[6]

---

[6] Los beneficios otorgados resultantes de acciones, pensamientos o sentimientos pasados o inmediatos que fueron nobles, tras los cuales el ser obtiene beneficios astrales. El ser puede solicitar aplicar un porcentaje de su darma para minimizar el periodo de tiempo o la dureza de la situación que esté afrontando como consecuencia de karma pasado.

Ustedes pueden mentirle al mundo pero jamás podrán mentirle a su alma, tomen en cuenta que ella ha estado con ustedes desde siempre. Ella son ustedes y seguirá siéndolo en todo momento, sea cual sea el plano en el que se encuentren. Por esto es ella quien mejor conoce sus pensamientos, sus recuerdos, sus acciones erradas y sus acciones elevadas. Sólo ella sabe perfectamente cuáles son sus más profundas necesidades evolutivas y sentimentales. No pueden comprarla con obsequios ni inducirla a desaparecer. Tengan en mente que es su único órgano divino y el único con la capacidad de viajar y dejar su cuerpo. Es el detonante que produce y termina con la vida humana. Sin ella ustedes no existen porque antes que un cuerpo fueron, son y serán un alma.

El alma humana es porosa y sus microscópicos filamentos tienen un tipo de ventosas que la mantienen unida a su cuerpo físico y que cuando se aproxima la muerte comienzan a cambiar gradualmente de color en función del saldo final que muestra si un alma es blanca u oscura. Cuando comienza el cambio de color se detona una señal química que le indica al alma que se aproxima la muerte. Esto causa que los filamentos empiecen a desconectarse como si se tratara de neuronas que inician su proceso de muerte. Los filamentos tienen terminales similares a las terminales nerviosas que se encargan de cambiar de estados de ánimo inmediatamente después de que se produce un hecho. El concepto de que su conciencia les habla o les traiciona es errado. Sencillamente, es su alma la que se manifiesta según proceda dada la situación, pero por desconocimiento de causa el ser humano considera que se trata de su conciencia.

El alma no tiene sexo. Hay que considerarla como hermafrodita ya que en ocasiones deberán vivir una existencia masculina y en otras, una femenina, según sean las enseñanzas por experimentar en cada reencarnación. Sin embargo, sí cuenta con amplios conocimientos sobre ambos casos y dependiendo de en cuál existencia se encuentren, su alma recurrirá al bagaje que posee sobre el sexo de su reencarnación presente.

 **DESCUBRIENDO SU ALMA**

Si se busca clasificar un alma, las hay de tres tipos: humana, animal y vegetal, es decir, las de las plantas y los árboles. Se subdividen en almas viejas y almas jóvenes.

Las almas viejas son las que ya han tenido diferentes existencias y se encuentran próximas a terminar su ciclo sobre la faz de la Tierra de modo permanente.

Por su parte, las almas jóvenes son aquellas que fueron creadas hace poco tiempo y que por lo mismo aún están muy lejos de llegar a ser liberadas del proceso de vida y muerte.

Pero el concepto de alma blanca y alma gris sólo existe en las almas humanas ya que ni en los animales ni en las plantas hay maldad; ellos son seres absolutamente puros y, por tanto, todas sus almas son siempre blancas.

Si se preguntan de dónde surge el alma humana, comiencen por aceptar que existe el mundo astral y es parte de un todo universal que conforma el mundo. Ese todo se denomina Dios, Él es la perfecta unidad.

No es un ser físico ni un ser astral, a diferencia de Yoshua y de nosotros. Dios es la energía creadora que tiene un alma inmensa que es el alma universal y una microscópica parte de ella es donada a cada ser humano para que éste pueda ser creado en el plano astral y, por ende, en el plano físico.

Pero cada alma también posee un número que es el saldo final de la suma de todas sus reencarnaciones. Esa suma está relacionada con su fecha de nacimiento en esta reencarnación y también guarda relación con el karma presente y el plan divino que se trazó antes de su nacimiento para saldar el mismo.

Atrévanse a reconocer que su alma posee la misma esencia de las nuestras, las de los maestros ascendidos, porque fueron creadas de la misma alma universal. De tal forma, todos somos hermanos, somos unidad, somos básicamente la misma sustancia astral y energética, dividida sólo por un proceso de purificación espiritual.

El ser humano no puede efectuar una autopsia al alma ya que ésta abandona el cuerpo inmediatamente después de su muerte. Sin embargo, aunque ya se encuentre fuera del cuerpo físico, pasa algunos minutos aún ligada a éste por medio del cordón de plata. Así deberá esperar el veredicto final que será otorgado primero con base en las necesidades de ese ser humano en espera de ver si éste pide tiempo extra o si, por el contrario, ya está libre para continuar su proceso evolutivo tras tomar esa decisión. Si el alma decide abandonar ya su existencia terrenal, comenzará a desconectarse del cordón de plata, proceso que –según cuánta resistencia presente el alma– tomará de un segundo a un minuto y medio.

Cuanto más sienta un alma que, aunque ya haya tomado la decisión de abandonar la existencia terrenal, tiene todavía cuentas pendientes, más tiempo le llevará desconectarse. Cuanto más decidida y menos preocupada por el futuro de sus seres queridos esté, más pronto se desprenderá.

El alma humana está integrada a la cadena de ADN mediante los residuos de los filamentos que posee en relación con todas sus vidas. Es aquí donde se encuentran los recuerdos del ADN y donde el alma presenta los residuos de traumas pasados. Como un filamento de lana burda observado con un microscopio, estos filamentos se expanden y contraen según los estados de ánimo de la persona y son compartidos entre la cadena del ADN y los que constituyen el alma.

Sin embargo, hay más elementos que conforman el alma humana como las partículas energéticas que la impregnan cuando llega a unirse al cuerpo. Esto se debe a que el alma debe pasar por un proceso de adaptación a ese nuevo cuerpo. El alma se une al cuerpo cuando el bebé se encuentra aún en el vientre de la madre, pero esto ocurre una vez que deja de ser sólo células y posee ya una capacidad cerebral. Mientras el feto tenga mayor cantidad de células y una mínima actividad cerebral, el alma aún estará en un plano astral esperando que llegue el momento justo de unificarse a su nuevo cuerpo físico. En situaciones en las que el feto muere todavía en el vientre de la madre, el alma se desprende de inmediato sin sufrir traumas, pasando de un aparente estado de sueño semifísico a otro más de sueño siempre en una realidad astral.

No obstante, el alma necesita ser alimentada, pero esto debe hacerse a través de sentimientos, pensamientos y acciones positivos. En efecto, cuanto más positivos sean éstos, más sana estará su alma. Por el contrario, cuando el alma alberga sentimientos mal encauzados comenzará un proceso lento y destructivo que desprenderá los filamentos que la conforman, aligerando su peso y causando desequilibrios en ese ser humano.

En realidad, el alma sólo puede verse recurriendo a una meditación muy profunda ya que, si bien una parte de ella se encuentra en el interior del cuerpo físico, la otra parte, que es su igual, mora siempre en el plano astral. Acaso se preguntarán si esto quiere decir que no es una sino dos almas. En realidad no, es siempre una sola que, sin embargo, debe mantener una perfecta unión con el plano astral. Tiene una proyección astral simultánea de lo que le sucede dentro del cuerpo humano y en ese plano.

## SANANDO SU ALMA

Hermanos míos, existe un común denominador entre nosotros y ustedes. Tiempo atrás nosotros pasamos por la vida terrenal, razón por la cual podemos comprender a la perfección todos los sentimientos y situaciones a los que se ven expuestos en su realidad física. El alma humana y el alma de un Maestro Ascendido son absolutamente iguales, no existe una sola diferencia. Por supuesto, somos almas más viejas y un poco más experimentadas pero que están constituidas de la misma esencia astral que aquella que ustedes tienen en su cuerpo físico.

Por tanto, de ninguna manera es ilusorio considerar que si realizan de forma estricta y amorosa sus esfuerzos por evolucionar espiritualmente, es decir, con bondad, humildad, dignidad y constancia, un día serán bendecidos con la promoción divina. Entonces sólo será cuestión de acudir a escuelas y templos astrales hasta llegar al grado de purificación requerido para enfrentar esta nueva misión.

El alma de los maestros ascendidos pesa igualmente 21 gramos y en esencia somos un alma astral que habita en un cuerpo astral. Nuestra alma es la que nos permite tener sentimientos y pensamientos ya que carecemos de una función cerebral. Si nosotros podemos conducirnos con sabiduría al poseer sólo la inteligencia que está presente en nuestra alma, imaginen el doble de capacidades que posee el ser humano. Ustedes tienen a su disposición una función cerebral que los dota de una inteligencia física más la capacidad de pensamiento y sentimiento que les brinda su alma.

Lo que suele ocurrir es que entre tanta información el ser humano se confunde y deja de programarse elevando sus necesidades y sentimientos al plano de la divinidad, por así resultarle más cómodo a los falsos intereses.

Cada ser humano puede descubrir la realidad durante el lapso de su vida terrenal y evolucionar como en vida lo hizo Gandhi. Afirmo que si cada ser humano se atreviera a mirar el interior de su alma, el planeta Tierra estaría ya desde hace siglos en la elevación de la quinta dimensión en un entorno donde sólo habitarían muchos seres con las mismas cualidades espirituales de Gandhi.

Siempre pueden evolucionar, tienen todo para hacerlo: un corazón, un alma, dos mentes –la de su cerebro y la que mora en su alma– y ojos para mirar. Así, no les hacen falta elementos para darse cuenta de su propia realidad interna. Sin embargo, les resulta más cómodo buscar cubrir sus necesidades internas en el exterior y este error causa problemas posteriores de identidad y de aceptación de su entorno. Como es lógico, nadie puede estar perfectamente adaptado y en armonía con su entorno si antes no lo está consigo mismo dentro de su alma y su cuerpo físico, áurico, astral y mental.

La comodidad no los conduce a sitio alguno, sólo los mantendrá suspendidos y apartados de su realidad actual. En cambio, el esfuerzo y la disciplina un buen día les brindarán los anhelados frutos del desarrollo y la elevación astral. Esto no es una carrera contra el tiempo, es un proceso delicado y profundo de comprensión de su verdad interna. El alma debe ser su todo, su razón de ser, su razón para buscar la elevación, su motivo para brindar amor sin esperar nada a cambio. Su alma es lo más genuino que existe en su interior, más allá de su cuerpo, sus órganos y todas sus posesiones.

Los únicos seres que pueden mantener su alma inmersa en el proceso evolutivo son ustedes mismos. Si dirigieran el 45 por ciento de sus pensamientos y acciones cotidianas al bienestar y desarrollo de su alma, tendrían una existencia un 80 por ciento más auténtica, armoniosa y simple, con menos problemas de los que suelen padecer.

Dejen a un lado su cuerpo físico, no es relevante, es sólo un instrumento transitorio, un simple vestido que les es dado para un determinado fin durante un determinado tiempo. Es un préstamo, tal vez el préstamo más prolongado que alguien pudo hacerles, pero eso no significa que es de su propiedad. Amados hermanos míos, la única propiedad real que poseen y que poseerán siempre es su alma.

Comprendan que nadie podrá brindarles un proceso evolutivo en donación para que su alma sea mejor. No hay trueque, venta o alquiler posible cuando se trata de evolución espiritual. Sólo ustedes, por sus propios medios, deben llegar a tal comprensión de sus verdaderas necesidades espirituales. No existen palabras que saneen ningún problema arraigado en su alma si ustedes no comienzan por abrir la puerta de su cuerpo físico para entrar a su alma, encontrar la herida, hacerla sangrar desde su interior para reconocer dónde está el dolor, cuáles son su causa y sus consecuencias, y cómo hacer los cambios que requieren para curar esa situación. No importa cuántos libros de metafísica lean, cuántos videos de canalizaciones vean o a cuántos seminarios acudan; mientras no estén convencidos y hambrientos del cambio, éste no será auténtico y no podrán obtener los resultados tan anhelados.

Cuando hay un problema de salud físico, para detectarlo y efectuar su diagnóstico el médico debe mirar antes en su interior. De igual manera, para identificar su estado de salud o enfermedad espiritual[7] actual, primero deberán mirar su alma y así descubrir cuál es el tratamiento más correcto para sanearla.

---

[7] El enfermo espiritual sufre de odio, maldad y es infeliz y disfuncional tanto consigo mismo como con todo ser vivo, sea éste planta, animal o ser humano.

Yo, Saint Germain, no siempre fui un santo. En una de mis primeras encarnaciones, cuando mi alma era aún muy joven e inexperta, me conduje de forma errada, vergonzosa y decadente ante mi propia alma y llegué a ser un gran problema para todo aquel que tuvo la desdicha de conocerme en aquel tiempo. Muchos siglos me tomó aceptar cuánto había errado el camino, cuánto me había denigrado a mí mismo al aceptar ser lo más repugnante que puede ser un humano. También mi amadísima Porcia[8] en alguna de sus primeras encarnaciones fue prostituta debido a lecciones kármicas generadas por ella en experiencias de vidas anteriores. No nos crean tan perfectos desde siempre. Como ustedes lo hacen ahora, pasamos por un largo camino evolutivo, no siempre fuimos encarnaciones de grandes señores nobles y justos o hermosas doncellas candorosas y caritativas.

Toda alma, sin excepción alguna, debe experimentar un largo proceso evolutivo vida tras vida hasta estar lista para cambiar el ciclo de vida terrenal por un ciclo de vida astral. El cambio principal es que cuando el ser humano llegue a convertirse en un ser astral se sentirá ligero y capaz de transformar todo lo que quiera en una reali-

---

[8] Alma gemela del maestro Saint Germain. Actualmente es Maestra Ascendida, promotora de la justicia y miembro de la junta kármica. Compartió en varias reencarnaciones con Saint Germain.

dad inmediata con sólo pensar que lo anhela. No así sucede con la existencia humana, en la cual se debe pensar y volver a pensar por mucho tiempo antes de lograr transportar las cosas de una realidad astral a una realidad física. El segundo cambio es que una vez que el alma es promovida a un plano astral queda liberada del ciclo de la muerte, se vuelve eternamente astral y vive una existencia libre de un cuerpo físico.

La santidad no se decreta, se gana y para ello hace falta una evolución. Cuanto antes empiecen a evolucionar, más pronto su vida dejará de ser tortuosa y dejarán de acumular karma y más karma sin saber el porqué del mismo. Nosotros queremos que ustedes sean divinos, ligeros y amados, que permitan que a cada instante aflore la divinidad que está dentro de su alma. No deseamos verles sufrir, no anhelamos sentirlos expuestos y atrapados en un estatus fijo, éste no sirve.

Es desgastante para un alma estar expuesta a seguir siempre colgada y atrapada en una sola realidad por no aceptar soltar las amarras que la atan a una experiencia pasada o presente. Si el bache está frente a ustedes no deben siquiera mirarlo; fijen la vista en el futuro, con lo que podrán estar de mejor humor y así fortalecer a su alma para que ésta, desde su divinidad, encuentre antes la perfecta solución para ustedes. En cambio, si sólo miran y piensan en el bache cada segundo, lo harán más fuerte y profundo, provocando que la solución tarde mucho más tiempo en llegar.

Para que su situación comience a cambiar es determinante que su alma esté primero en proceso de sanación de las profundas heridas que ustedes se han infligido a sí mismos durante siglos y más siglos.

Su alma no necesita viajes o grandes casas, automóviles lujosos u opíparos banquetes, universidades o vestidos costosos, joyas o mentiras. Simplemente requiere su más absoluto respeto para aprender a mirar en su interior, escucharla en sus más hondas necesidades, descubrir sus tristezas y sus grandes anhelos, entender su evolución y brindarle tiempo aceptando sus ritmos para hacerlo. Su alma sólo necesita que ustedes se reconozcan en ella, trabajen para elevarla y descubrirla en sus múltiples facetas, para perdonarla por los errores que antes cometieron y sanarla por aquellas fallas fruto de su profunda ignorancia momentánea que quizá duró un par de existencias terrenales.

Consideren que siempre están en el momento justo para erradicar ese proceso destructivo, siempre pueden detenerse en el sendero, pedirse perdón y comenzar a amarse, a sentirse, a vibrar en armonía con ella. Si lo hacen empezarán a ver que las flores brotan a su paso con amor, bondad, sinceridad, perdón y delicadeza que los iniciarán en el proceso de sanación y liberación.

Aprendan aquí y ahora a vivir desde su alma y mostrarla a todos sus semejantes con valor y total respeto. Visualicen que siempre que se presenten ante los demás en cualquier situación, por difícil que ésta sea, como única prenda llevarán su desnudez y en una mano ofrecerán su corazón y en la otra su alma.

Éste es el modo correcto de presentarse ante la sociedad, sus compañeros, amigos, familiares, amores y conocidos. Si lo hacen siempre así, ocurra lo que ocurra, los problemas serán menores, más fáciles de resolver, menos dolorosos de afrontar y más nobles en su esencia. De tal modo saldrán airosos de la situación sin importar su complejidad.

Tengan fe en su alma y, por tanto, la tendrán en su corazón y en su cerebro. Tomen en cuenta que ustedes pueden vivir con el corazón, el riñón o el hígado de otra persona, pero jamás con un alma ajena porque una vez que la suya se va de su cuerpo, éste deja de existir como ser vivo físico para regresar al astral.

El alma humana debe ser igualdad porque lo es en esencia, en forma, en historial y en divinidad. Su alma es hermandad con todo ser vivo.

Independientemente de su nacionalidad, religión o situación económica, moral o afectiva, son hermanos míos y, por ende, al mismo tiempo son hermanos los unos de los otros.

Si buscan a Dios, no lo hagan a través de un viejo libro de oración ni en un templo, sea éste nombrado como quieran.

Búsquenlo en el amor y respeto a la divinidad presente en cada alma porque todos, absolutamente todos, conformamos el alma universal denominada Dios.

No existe un alma que no sea capaz de sanar, de evolucionar, de purificarse y perdonarse a sí misma. En la medida en que su alma evolucione, serán más capaces de perdonar a otras que, como ustedes, intentan salir del fango y buscan el perdón por errores pasados.

Siempre que puedan, por amor, por dignidad, por bondad y desarrollo, otorguen el perdón sincero aunque el agravio haya sido penoso y lacerante. Recuerden, su alma debe ser capaz de perdonar y soltar para poder evolucionar.

¿Cómo beneficia el perdón a un alma? Cuando un ser humano perdona a otra alma se produce una reacción química, por así decirlo, que se encarga de fortalecer los filamentos de trama y urdimbre que conforman el alma. Esto ayuda a que su alma no pierda densidad y así se colabora para evitar padecer una nueva reencarnación sobre el planeta Tierra.[9]

## DESCUBRIENDO LA ESENCIA DE UN ALMA

Cuanto más densa sea un alma, mayor fuerza tendrá el ser humano para afrontar los constantes retos que existen sobre la faz de la Tierra. Siempre hay opciones para fortalecer un alma y cuidar que no se fracturen sus filamentos. Que esto se logre únicamente depende de su propia valentía para cuidar y purificar lo más valioso y real de su existencia.

La clave es muy simple: mientras su alma esté en armonía y paz, cualquier cosa, por insignificante que sea, los hará felices. En cambio, en tanto su alma no encuentre esa paz, en tanto no se atrevan a descubrir lo que está oculto en su interior, hagan lo que hagan –aun si se compran el mundo entero–, no estarán bien consigo mismos.

---

[9] Es importante destacar que la reencarnación es una prueba evolutiva que busca eliminar las impurezas de un alma hasta que ésta esté lista para ser pura en su totalidad y pueda regresar a su origen, que es el astral, con miras a afrontar un nuevo sendero más evolucionado.

Sólo en su alma están todas sus respuestas. Sin importar cuán complejas sean éstas, si prestan un poco de atención llegarán siempre a las respuestas correctas.

Para lograr conocerse un alma debe atravesar un proceso evolutivo complejo y doloroso, pero a la vez constructivo, sanador y liberador de sus nudos astrales.

## ¿CÓMO SE PUEDE CREAR UNA TRANSMUTACIÓN ASERTIVA QUE PURIFIQUE SU ALMA?

1. Cambien la costumbre negativa de maldecir por la de bendecir todo lo que acontezca en su existencia. Incluso, y con especial atención, bendigan a las personas que les agredan o lastimen o a aquellas que les generen malestares o problemas. Sólo así mejorará la situación ya que las bendiciones sanan.

2. Intenten mantener un espíritu positivo ante los problemas. Si esto no fuera posible, al menos procuren que su estado emocional sea neutral y no caigan en depresiones, odios, envidias o intrigas.

3. No intenten convertirse en santos y juzgar indebidamente las acciones de los demás porque caerán en una postura equivocada que únicamente causará dificultades. Ustedes no son seres perfectos; por el contrario, actúan en imperfección y, por tanto, no tienen autoridad ni derecho de juzgar la conducta de sus semejantes, sin importar cuán errada puedan considerar que está esa alma.

4. Eviten mantenerse estáticos queriendo frenar alguna situación. La vida debe evolucionar y ustedes con ella. No deseen que su vida no cambie porque eso es antinatural.

5. Canalicen su agresividad reprimida de un modo positivo mediante la práctica de un deporte o pasatiempo que les haga sentirse felices. Recuerden que un pasatiempo no debe ser destructivo para ustedes o para los demás.

6. No agredan a criatura viviente alguna, bien sea humana, animal o vegetal. Respeten toda forma de vida y reconózcanse en todas ellas.

7. Reflexionen bien antes de hablar. Recuerden que las agresiones verbales son irreversibles. Si no tienen nada positivo que decir a otro ser, respétenlo guardando silencio, como esperan que los demás los respeten.

8. No traicionen a quienes con sinceridad les han tendido la mano y tampoco traicionen su propia integridad espiritual.

9. No se centren en sus problemas. Cuanto más piensen en ellos y más se agobien por encontrar la solución, mayor fuerza le impregnan y más invencibles los hacen. Así se requerirá más tiempo para resolverlos. En cambio, bendíganlos y permitan que nosotros los resolvamos por ustedes, aunque para ello requerimos de su ayuda. ¿Cómo pueden ayudarnos? Es sencillo, no piensen en los problemas y bendigan la situación, muéstrense positivos y activos en otros quehaceres que disfruten. Así nos dejarán actuar prontamente para resolverlos. Tomen en cuenta que si ustedes se sumen en sus problemas, sin quererlo sumirán también en ellos a toda su familia porque son una unidad. Esto causará que se desplomen las potencialidades de sus parientes en todos los aspectos.

10. No ocupen sus pensamientos actuales en revivir sus traumas pasados pues se bloquearán a sí mismos y obstaculizarán sus posibilidades actuales y futuras.

11. No presten atención a los errores que no puedan cambiar; más bien, préstenla para

no volver a cometerlos. Perdónense siempre y sigan adelante con la cabeza en alto.

12. Bendigan todo su ser y decreten en perfección divina toda imperfección que consideren tener en alguno de sus cuerpos: físico, mental, espiritual, emocional y astral.

13. Perdonen cualquier imperfección tanto propia como ajena, reconociendo en ella una enseñanza escondida que deben captar antes de seguir con su sendero evolutivo.

Es importante comentar que los decretos deben repetirse constantemente de forma sincera y con absoluta convicción, ya que toman fuerza mediante las repeticiones que se van impregnando en el nivel subconsciente de su cerebro y en la escala vibratoria de su alma. Es así como comienzan a cambiar su realidad.

## ABRIENDO LA PUERTA INTERIOR QUE COMUNICA AL ALMA

Cada noche, diríjanse a su alma con infinita dulzura y respeto, y pídanle que les revele sus más profundas necesidades. En el extraño caso de que no se hubieran antes permitido escucharla y des-

cubrirlo sin que ella tuviera que revelárselos, tan
sólo pronuncien esta sencilla plegaria:

✴ Alma mía, yo soy en ti
como tú eres en mí,
en armonía divina
expande tu ser
iluminando las respuestas que buscas.

✴ Alma mía, yo soy quien
te ama cada día
y comprendo tu dolor
porque es el mío.
En armonía aquí decreto
tu perfección, tu sanación
que es mi profunda liberación.
Alma mía, yo te bendigo
y te libero de los nudos
que ambos construimos
desde nuestro ayer.

✴ Yo soy tu perfección
y tú eres mi resurrección.
Aquí y ahora libre estás
de todo yugo y traición.
Libre estás aquí y ahora
de todo ayer que causó tu afectación.

✴ Somos armonía, somos perfección
y esta bendita transmutación te sanará.
Así es, así es, así sea,
violeta mi alma es.

✳ Bajo el perfecto rayo violeta
que te libera y sana,
bajo el perfecto rayo violeta
que te aguarda,
mi alma soy yo
porque en esencia violeta soy
desde tu simple concepción,
sin ti yo no soy,
bajo la perfección de tu creación.

✳ Mi alma violeta soy aquí y ahora,
y aun en un después,
bajo tu protección
la transmutación de mi alma
saneada en perfección,
bajo este decreto
que ahora concreto,
está por la perfecta ley
de la transmutación.

✳ Alma blanca bendita para mí lo eres,
errado pasado que ha sido saldado,
eres tú la purificación divina
que ahora sólo se expande
en perfecta armonía.
Violeta eres

y en resplandor tú creces,
bendita alma para mí lo eres
y yo ahora te imploro
que sanes desde la luz
que siempre existe en ti,
porque tú eres mi propio ser.
Perdóname, amada mía,
así sea, amén.

✳ Yo soy la perfecta violeta
que mi alma mora,
yo soy el tinte violeta
que se expande en todo mi ser,
colmando mi alma
de la más pura y perfecta sanación
porque yo soy
la perfecta alma violeta
que crece y se expande
en pura perfección.

✳ Que nada te turbe,
que nada te duela,
yo te bendigo desde el rayo violeta,
sanación pura eres tú,
sanación pura yo soy,
porque tú eres yo
en todo mi esplendor.
En ti me expando,
en ti me sano,
a ti te amo,
a ti te sano,

ahora te amo
mi violeta alma,
mi más pura esencia violeta,
transmutación.

**DECRETO QUE SANA EL ALMA DE LOS TRAUMATISMOS PRODUCIDOS POR LAS MEMORIAS CELULARES**

✳ Yo soy la alegría
que envuelve toda mi alma,
yo soy la palabra
que todo dolor sana hoy y siempre,
yo soy sólo la evolución
que no se detiene por dolor alguno,
yo soy la magia presencial
que me sustenta,
que me purifica,
que me libera ya de tanto dolor.
Así yo me sano en este instante
de toda traición,
de toda muerte traumática,
de toda imperfección,
de cualquier acción pasada,
fuese propia o ajena,
que dolor a mi alma hubiese causado.

Así soy la perfecta sanación
que me aleja de todo dolor
y toda traición,
que bien limpia en divinidad,
con integridad.
Así es, así bien siempre será.

## EL ALMA, EL DETONANTE DEL AMOR

El alma humana es el fundamento de su vida, es la justificación de su existencia sobre la faz de la Tierra. No obstante, hermanos míos, acepten que poseer un alma no es simplemente un privilegio humano, lo es de cualquier ser vivo. Comprendan que ustedes son una unidad con todas las otras almas, aun aquellas que no son humanas.

El alma es el detonante del amor, es el motor que les permite seguir adelante y reinventarse a sí mismos siempre desde nuevos fundamentos que deberán ser cada vez más reales, elevados y nobles de espíritu. Jamás consideren que merecen un bien si éste lacera la integridad espiritual del alma propia o de otra ajena. Su alma es como un bendito niño que no puede seguir sola. Por más que anhele evolucionar, no podrá hacerlo si ustedes no la conducen a ello de la mano, siendo responsables de cada acierto y error cometidos durante el proceso evolutivo de su ser.

No hay cambio posible si antes no existe un detonante en el interior del problema. Consideren el detonante como las señales de frustración que su alma emite y que ustedes se empeñan en ignorar o truquear mediante la adquisición de bienes materiales, lo que sólo agravará el problema.

Comprendan que su alma es susceptible tanto a las acciones elevadas como a las inferiores, y cada una de ellas producirá una reacción que oscila entre el nacimiento de más filamentos cuando las acciones son buenas y la muerte de otros filamentos cuando la situación es mala.

No centren su atención en el hecho de que algunas almas están contaminadas de maldad, sino en el hecho tangible de que existe un sistema de sanación que no puede ser revocado en ningún contexto.

Su alma debe permanecer pura y si no es así, resulta de capital importancia que desde ahora trabajen para resolver esa situación hasta lograr sanearla en perfecta armonía. Únicamente así vivirán en paz y perfección. Tengan en mente no buscar la elevación material sino, primero, la elevación espiritual. Así posteriormente podrán disfrutar de un entorno correcto en todos los aspectos de su vida.

Permítanse descubrir lo que representan la paz espiritual –ésa que es capaz de mantener el equilibrio aun bajo las peores tormentas– y la fe en el resultado positivo de los eventos. De no ser este resultado el que se quería, sepan que aquel que se obtenga será el perfecto, el que en realidad necesitan ustedes para su más alto bien. En ocasiones quizá no se percaten de cuál es el verdadero bienestar en una situación compleja. En ocasiones tal vez este bienestar no sea lo que desde la mente inferior el ser humano piensa que es, sin considerar si hay alternativas divinas y perfectas que, si bien no dan paso a los hechos como se desean, producirán paz y sanación para todos los involucrados.

## SIMILITUDES ENTRE CIERTAS ALMAS

Toda familia de almas creadas en conjunto en un determinado momento durante su primera reencarnación tiene una tonalidad base que pertenece sólo a esa familia. De tal manera, hay millones de matices cromáticos de blancos y, desafortunadamente, también de grises. Cada alma, sea cual sea el tiempo transcurrido, es capaz de reconocer siempre a aquellas almas que son parte de su familia, aunque en esta existencia presente no tengan lazos sanguíneos. Se reconocen por niveles vibratorios ya que cada familia de almas vibra de un modo determinado y entre ellas se complementan, conformando una sinfonía vibratoria donde el compás del tiempo producido por una encaja exclusivamente con otro compás producido por otra alma perteneciente a su propia familia.

Bajo este concepto se puede entender con claridad por qué a veces dos personas que aparentemente nunca antes se habían visto pueden reencontrarse y reconocerse descubriendo una natural simpatía y grandes afinidades entre sí. Por esto, sin que ustedes lo sepan, su alma ya reconoció a algún miembro de su familia y lo hizo a nivel de almas, no del cuerpo físico que esa alma viste. Esto ocurre gracias a la frecuencia vibratoria que producen las almas. Cada familia de almas es creada en unidad, pero esto no significa que cada uno de sus miembros pase por la misma cantidad de reencarnaciones que los demás integrantes de su familia, todos están condicionados a un proceso evolutivo personal. De ahí que es difícil que dos almas de la misma familia se encuentren siempre en cada reencarnación; sólo tendrán posibilidades de reencontrarse las que presenten un nivel evolutivo similar.

Para comprender este concepto recuerden que los cetáceos –ballenas y delfines– reconocen a sus familiares por medio de los sonares y las canciones específicas que emiten únicamente los miembros de esa familia. En este caso sucede sólo a nivel vibratorio ya que el ser humano no es capaz de percibir la sintonía que producen.

Ya comenté que no existen dos almas iguales en el contexto de la materia astral. Sin embargo, en lo que se refiere a su valor intrínseco, las almas son exactamente iguales entre sí y por lo mismo no deben hacerse distinciones entre ellas ni rendir pleitesía a una por encima de otras. Aquí no hay credo ni color ni posición social y el único objetivo es siempre el trabajo constante para la purificación y elevación de las almas.

## ¿QUÉ ALEJA A UN ALMA DE SER MAESTRO ASCENDIDO?

Las siguientes son condicionantes que alejan a un alma de la posibilidad de convertirse en Maestro Ascendido:

* ✳ La soberbia
* ✳ La inmundicia
* ✳ La venganza
* ✳ La falta de respeto

* La envidia
* El odio
* La intriga
* El rencor
* La traición
* La falta de respeto a sí mismos y a sus semejantes, sean humanos, animales o plantas

## ¿CÓMO SER MAESTRO ASCENDIDO?

Las siguientes son condicionantes que acercan a un alma a la posibilidad de convertirse en Maestro Ascendido:

* El amor
* El respeto
* La bondad
* El perdón
* La armonía
* Las bendiciones sinceras
* La piedad

❋ La tolerancia

❋ La sinceridad

❋ La justicia

❋ La esperanza

Si anhelan ser futuros maestros ascendidos deben trabajar muy de la mano para lograr desarrollar las cualidades que aproximan a la elevación de un alma. Si trabajan cada día un poco más en lograr esos puntos, paulatinamente se acercarán más a sus objetivos. Recuerden que el ser humano puede intentar engañar a sus semejantes, pero jamás logrará engañar a su alma. Por lo mismo, si quieren ser futuros maestros ascendidos, este trabajo debe considerarse con absoluta seriedad y deberá ser constante, creciente y profundo. Así posiblemente llegará al fondo de las situaciones que involucran los sentimientos negativos que les impiden la elevación, trasmutando odio por perdón y pasando de un estado de enfermedad espiritual a uno de liberación espiritual.

Sean sinceros, sean armoniosos; reflexionen en que lo más divino que poseen es su alma, por lo que deben comprometerse con su propio ser a salvarla. Esa labor sólo ustedes pueden y deben efectuarla, nadie llegará a tocar a su puerta para salvarla mientras ustedes no estén convencidos de su necesidad interior de sanearla y transmutar todos sus errores pasados en busca de liberar karma y de sentirse mejor con su existencia. Hermanos míos, lo que no encuentren en su interior no lo encontrarán a través de posesiones terrenales. La clave es y será siempre la purificación y sanación del alma.

Cada alma debería ser purificada al menos una vez al mes mediante el otorgamiento del perdón, la sanación de heridas del pasado, baños relajantes, ejercicios metafísicos y ayunos programados de corta duración. Es necesario conferir un alto nivel de exigencia a este correcto proceso de purificación. Es difícil comprender por qué arreglan y limpian su casa, y no lo hacen así con su alma que es y debería ser lo más preciado para ustedes. No esperen a que los problemas que aquejan su alma se agraven y pretendan de una sola vez sacar toda la suciedad que han permitido que se acumule en ella.

## DECRETOS PARA SANEAR LA AMARGURA

La amargura es el ácido que carcome a las almas que están enfermas y sumergidas en él. Como primer paso para su sanación es necesario que la reconozcan y la acepten dentro de su realidad.

Después podrán trabajar constantemente para sanear esa situación que sólo lacerará al alma en la que se ha instalado.

Toda alma que trabaje en sanear la amargura deberá tomar al día un mínimo de tres piezas pequeñas de chocolate, pronunciando alguno de estos decretos antes de ingerirlas.

❋ Luz divina violeta y mía,
toma mi alma
y expándete en todo mi ser.
Eres tú la luz que me sana
y que irradia en mi interior
transmutando mi realidad
para que aflore
lo mejor que hay en mí.

❋ Querida amargura mía,
yo te bendigo, te sano y te libero.
Te perdono y agradezco la lección
que has venido a darme.
Ahora debo progresar y liberarte.
Yo te libero, yo me libero,
violeta transmutación.

❋ Alma mía, yo te hablo
desde mi yo superior
solicitando a mi parte inferior
que acepte el progreso en mi ser
en esta mi realidad.
Amada alma,

deja de sufrir y padecer,
olvida tus heridas
porque el dolor
no te permite mirar el nuevo sol.
Alma mía, bendita y divina,
libera la amargura que existió en tu ser.
Eres pura violeta,
eres mágica y mía,
bríndame la oportunidad de progresar.
El progreso es en mí,
violeta eres y serás así namaste.[10]

✳ Eres tú mi fiel perdón,
eres tú mi absoluta liberación.
Amada amargura, sana ya.
Desde el fondo de mi interior
aquí te sano, aquí te amo,
aquí te libero de todo dolor.
Así es desde este instante
y con absoluto amor
yo te veo partir
convirtiéndome en profundo amor.
Desde ahora así es.

---

[10] Expresión en hindi, forma elevada de saludo que
significa "Somos sólo uno", haciendo referencia a
la unidad universal bajo la cual todo ser vivo es la
continuación de su propio ser, con lo que se promueve
el bienestar de cada ser tanto como el propio. Algunas
traducciones se refieren a "Mi yo superior saluda a tu yo
superior".

Hermanos míos, libérense de todo acto de baja escala. Su alma es perfecta, asuman la responsabilidad de conducirla desde un nivel alto de responsabilidad social y personal, cuidando de hacer aflorar sólo los sentimientos altos que existen en su alma.

## El alma y los sentimientos

El alma tiene una capacidad extraordinaria de expresar sentimientos en una escala superior a la que pueden expresarse en el cuerpo físico. Estos sentimientos serán vividos por el alma, pero tendrán una resonancia menor mientras ésta se encuentre ligada a su cuerpo físico, pudiendo causar respuestas en él como la aparición de lágrimas, bajas de energía o incluso depresiones. Sin embargo, nunca serán comparables los niveles de sentimientos a los que esa misma alma expresará una vez que deje un cuerpo físico. Aquí es donde aprenderá a descubrir el alto potencial de los sentimientos, lo que puede significar en verdad ser feliz o en verdad sufrir.

Los sentimientos, cuando son expresados por un alma que ya no posee un cuerpo físico, serán absolutos y verídicos, no hay un punto final para ellos. Son producidos y reproducidos al infinito en tanto esa alma no logre entrar por sí misma en un estado neutral. Estos sentimientos generarán una resonancia magnética inmediata y creciente cuya onda, a diferencia de las ondas vibratorias del agua, no tiene fin. Experimentada a una gran profundidad que sacudirá cada milímetro de cada filamento en la trama y urdimbre que conforman esa alma, causará una inmediata reacción en cadena logrando atraer como imán a su realidad a toda alma que en ese instante se encuentre en la misma resonancia de sentimientos.

Es posible atraer a almas que aún moren en el plano físico pero que se encuentren en estado de sueño y también a almas que han dejado el plano físico hace ya varios siglos.

Por eso, cuando un ser llora desde su alma el dolor será enorme y cuando goza la felicidad que emite podría compararse a la fuerza de un poderoso rayo láser que, si fuese dirigido en un contexto médico, podría incluso curar el cáncer de un ser que fuese impactado por esta vibración positiva por tan sólo tres segundos.

Por desgracia, aún no existe en la Tierra una tecnología capaz de utilizar como base para curar enfermedades los sentimientos de las almas que habitan el plano astral. Sin embargo, lo que sí pueden y deben emplear con constancia para minimizar los efectos de las enfermedades sobre el cuerpo humano es el cristal que por el signo zodiacal represente al enfermo. Ese cristal deberá recargarse cada mañana con los rayos del sol y cada noche, el enfermo habrá de tomarlo en sus manos por al menos dos horas, solicitándole que libere a su cuerpo físico de dicha enfermedad de modo definitivo.

Cuando el cristal haya cumplido la misión y el enfermo se recupere, deberá ser enterrado y bendecido por el servicio que prestó. Si la enfermedad no fuese de gravedad, el cristal deberá permanecer bajo la tierra durante al menos dos meses y después purificarse en agua durante 24 horas antes de ser reutilizado.

Si hablamos de una enfermedad peligrosa, deberá enterrársele definitivamente, ya que si es reutilizado se correría el riesgo de que las ondas vibratorias de la enfermedad se reactivaran en la persona que vuelva a estar en contacto frecuente con él.

En cualquier caso, cada cristal que se considere para uso medicinal deberá ser de un tamaño bastante grande; los cristales pequeños de bolsillo no soportan el esfuerzo que deben hacer para retirar una grave enfermedad de un cuerpo físico. Los mejores para uso medicinal son aquellos que tengan un peso mínimo de tres a siete kilos. Los que pesan sólo gramos jamás deberán ser usarse para este fin porque no soportan la presión que debe repetirse en cada molécula de su composición física.

El proceso de sanación que llevan a cabo dichos cristales es muy fácil: primero, mediante ondas expansivas entran en contacto con el cuerpo humano y viajan de su propio ser mineral al interior de ese cuerpo físico.

Allí se trasladan hasta detectar el punto que genera la enfermedad o el dolor. Una vez que lo encuentran, las ondas que se generaron en el cristal tomarán la fuerza de un imán, el cual las obligará a ser transportadas desde el interior del cuerpo físico del ser humano hasta concentrarse en el interior del cristal. Ya dentro del mineral, la enfermedad viajará y rebotará en cada molécula que conforma dicho cuerpo. En casos muy graves incluso ocasionará cuarteaduras internas en el cristal y en casos extremos podrá éste sacrificar su forma física produciendo rupturas para así liberar al ser humano de la enfermedad.

Ciertamente, cuanto más grande sea el cristal, mayor fuerza tendrá para soportar el transporte de la enfermedad del cuerpo físico a su estructura molecular mineral sin sufrir daños. Por esto debe respetarse el tamaño mínimo requerido para fines curativos.

**ALMA SANA,
ESCUDO PROTECTOR**

El ser humano que se preocupa de cultivar correctamente la limpieza de su alma tiene infinidad de ventajas. Una de ellas es la salud física. Esto se debe a que las partículas de luz tienen un nivel eléctrico más alto que produce descargas eléctricas que reactivan las defensas naturales del organismo, repeliendo así las enfermedades o bien minimizando sus efectos en el organismo.

Mientras un alma se torna más blanca y densa impregna mayor cantidad de electricidad en el cuerpo. Estas partículas eléctricas de luz construyen una malla repelente alrededor de todo su cuerpo físico y en el interior de cada órgano, lo que ayuda a que la salud de un ser de luz siempre tienda a ser mejor que la de un ser enfermo con un alma gris.

Sin embargo, para preservar este escudo protector el proceso anterior debe ser constante. La buena noticia es que incluso un ser enfermo que posee un alma gris, con trabajo constante, con valentía y un arrepentimiento sincero, puede comenzar a purificar su alma, misma que empezará a revertir paulatinamente su color gris, el cual se aclarará hasta volver a ser blanca; cuanto más retome la luz en su alma, más blanca se tornará.

El alma es el bien más preciado de cualquier ser vivo o astral y todos por igual debemos fomentar su purificación. A menudo un alma que ha equivocado el camino y ha cometido graves errores llega a un punto en alguna existencia, en el cual comprende que ha causado grandes males y busca remediarlos. Rara vez se tiene la oportunidad de solicitar el perdón a quien se ha agraviado directamente, pero en la gran mayoría de las ocasiones es imposible pedir perdón durante la misma existencia en la cual se cometió el agravio. Tal vez aquella persona a quien se lastimó haya dejado ya el plano físico o bien, hayan pasado años y no se logre encontrar al ser a quien se ofendió, de modo que esa alma atormentada no encuentra la manera de sentirse liberada por sus acciones pasadas.

Sepan, amados hermanos míos, que existe una técnica muy fácil y efectiva para solicitar perdón. Sin importar en qué plano o lugar, o cuánto tiempo después se haga, siempre llegará a la esencia del alma del ser agraviado y lograrán así pedir perdón desde cualquier dimensión o circunstancia.

✳ Imaginen que su alma es de color violeta, del tono de violeta o morado que más les guste. Siempre deben visualizar un tono luminoso.

✳ Imaginen que el alma del ser agraviado a quien soliciten perdón es de color blanco.

✳ Imaginen a las dos almas frente a frente: una morada, que será la de quien solicita el perdón y la otra blanca, la del agraviado a quien se quiere pedirlo.

✳ Hablando desde el fondo de su corazón y de su alma, explíquenle a esa alma por qué le causaron aquel daño. Con sencillez, díganle qué carencia existía en ustedes y por qué lo canalizaron mal y lo afectaron.

✳ Explíquenle cómo fue que se arrepintieron y al final simplemente pronuncien: "Yo te amo, hermano mío, violeta es mi arrepentimiento sincero, violeta es el perdón que yo te pido, violeta es tu corazón que sana junto con el mío. Yo soy tu alma y tú eres la mía, ambas desde ahora somos sólo una violeta divina. Amada mía, limpia nuestra alma en perfección divina transmutando todo dolor por infinito amor, todo rencor por infinito perdón. Así es, así sea, violeta, soy en ti".

✳ Después de recitar estas palabras con mucha fe, visualicen que el alma blanca comienza a tornarse morada, del mismo color que su alma. Eso representa que ya se empieza a otorgar el perdón.

✳ Escriban una o dos frases que resuman la situación. Con tinta morada, anoten el nombre de los involucrados, la fecha en la que se solicita el perdón y los motivos por los que se pide. Después escriban: "El perdón es la más sagrada elevación de tu alma, el reconocimiento de mis fallas es el más alto grado de arrepentimiento y evolución. Tú y yo somos unidad divina que bajo el manto violeta transmuta todo dolor convirtiéndolo en sanación y perfecta liberación. Gracias, hermano mío, yo te amo; gracias, Dios, así es, así sea". Doblen por la mitad la hoja de papel con el escrito en tinta morada y pónganlo debajo de su almohada. Cuando sueñen con esa persona esto significará que el perdón ya fue otorgado desde donde sea que ese ser se encuentre ahora.

## ¿POR QUÉ UN ALMA DEBE SOLICITAR Y OTORGAR EL PERDÓN?

Como ya les expliqué, ningún alma está libre de haber cometido errores, cada ser en alguna determinada existencia llegó a evolucionar gracias al reconocimiento y el aprendizaje previo de sus errores. Por esto mismo deben dejar de considerar que Yoshua fue una pobre víctima en aquella reencarnación en la que fue crucificado. La Iglesia considera que victimizando su figura logrará que las sociedades consideren que él amaba a sus hermanos y por eso permitió que lo martirizaran.

Sí, efectivamente amaba a sus hermanos porque en esa reencarnación ya poseía un alto nivel evolutivo y espiritual. Sabía que existían medios eficaces, dolorosos y rápidos de sanear karma, pero detrás de esa terrible existencia que debió pasar no sólo existe el amor hacia su prójimo. Por encima de ello estaba el amor a su alma y la comprensión de que debía sanear todos sus errores de otras vidas en las que, si bien su nombre no era Yoshua, sí era su misma alma. Él comprendía que debía hacer un ajuste de karma y sanearlo para poder seguir en otra existencia, en otro plano con su proceso evolutivo.

De igual modo, ustedes tienen la oportunidad de sanear karma. No teman, para ello nadie les va a solicitar que sean crucificados o algo similar, esas pruebas sólo se aplican tras la aprobación de la propia alma que intenta solicitar un perdón.

Comprendan que existen formas como la que les acabo de facilitar que producen el mismo efecto si se ponen en funcionamiento desde lo más profundo de su alma, allí donde guardan todos los sentimientos ocultos ante los ojos de los demás y donde a menudo los guardan tan bien que después de un tiempo suelen incluso olvidar su existencia. Sin embargo, el dolor que causaron sus errores permanece en su interior y en el de otras personas, lacerándolos.

Cada vez que ustedes solicitan perdón trabajan a favor de la elevación de su alma, a favor de su salud física, mental y emocional, y buscando evitar padecer otra nueva existencia sobre la faz de la Tierra.[11]

¿Por qué otorgar el perdón? Porque se sentirán reconfortados consigo mismos, porque así evitarán tener que reencontrarse en otra existencia con aquel ser que tanto los lastimó y que no quieren tener de nuevo frente a ustedes. Pero también porque mientras no concedan el perdón sincero no podrán seguir evolucionando, se quedarán estancados en ese antiguo dolor sin permitir que lleguen a su vida nuevas oportunidades.

---

[11]  Esto no significa que la existencia humana sea un padecimiento, pero sí que lo que nos ocurre es resultado de nuestro karma. El término se usa relacionado con las pruebas kármicas que afrontan los seres humanos durante una existencia física, es decir, los grandes traumas y problemáticas que se viven a diario.

El perdón tiene un efecto altamente benéfico para las almas involucradas; además, fue diseñado para que ambas se liberaran de los pesos que acarrean durante largo tiempo a causa de una situación pasada. Tomen en cuenta que si perdonan y piden perdón –incluso por los errores cometidos en otras vidas pasadas aunque no recuerden los hechos–, esto les servirá para liberarlos y continuar su evolución aligerando así los yugos internos del alma.

Por otra parte, aunque sea difícil creerlo, si otorgan y piden perdón su piel comenzará a mejorar, se verá más tersa, firme y joven, con menos manchas. Estos efectos se deben simplemente a que todo aquello que verdaderamente pasa dentro de su alma tarde o temprano se verá reflejado en su cuerpo físico.

Existen vibraciones energéticas que pueden colaborar para que un alma se impregne de partículas grises o de partículas blancas que afectan el estado de un alma humana.

**VIBRACIONES QUE AFECTAN NEGATIVAMENTE A UN ALMA**

✳ Ver películas de terror.

❊ Ver por la noche noticieros que exhiben la violencia y transmiten pesimismo.

❊ Acudir a lugares energéticamente contaminados: prisiones, sanatorios psiquiátricos, hospitales.

❊ Escuchar música muy estruendosa: *heavy metal*, rock estridente.

❊ Maldecir cada día.

## VIBRACIONES QUE AYUDAN A ELEVAR UN ALMA

❊ Meditar.

❊ Dormir bien.

❊ Escuchar mantras.

❊ Dar paseos rodeados por la naturaleza: bosques, playas o montañas.

❊ Bendecir cada acontecimiento, aunque en apariencia sea negativo.

## TERAPIA ENERGÉTICA PARA ALMAS QUE SUFREN BAJA ENERGÍA POR MÁS DE 48 HORAS

Por diferentes motivos el alma del ser humano puede sufrir bajas de energía que al detonar causan una alteración importante en sus niveles energéticos cotidianos.

Los factores que las provocan son:

❈ Enfermedades.

❈ Altos grados de estrés con una duración mayor de tres días.

❈ Gran ingesta de alimentos.

❈ Pocas horas de sueño.

❈ Ingesta de altas cantidades de alcohol, cafeína o nicotina.

❈ Donación frecuente de sangre.

❈ Exposición a cambios bruscos de temperatura.

❈ Sesiones largas de ejercicios, más de dos horas diarias.

Normalmente la existencia del ser humano está cargada de presiones y tensiones, con pocas oportunidades de que su cuerpo las desahogue y de brindarle así la oportunidad a su alma de retomar su propio ritmo. No siempre será posible ir a una playa o bosque para recargar la energía que su alma requerirá cuando estén bajos de energía.

Las sugerencias que presento a continuación se han diseñado sobre todo para los seres que viven en las grandes ciudades que son los más propicios a sufrir estas bajas de energía de un modo constante y cotidiano.

## Terapia energética número 1

**Necesitarán:**

❋ 1 cubeta mediana o grande

❋ Agua caliente con sal marina

❋ 1 raja de canela

❋ 10 piezas medianas de cuarzo morado

**Procedimiento:**

Pongan a hervir la canela en el agua con la sal. Ya hirviendo, introduzcan los cuarzos en el agua. Retírenla del fuego, déjenla templarse y a continuación viértanla en la cubeta.

De pie o sentados, introduzcan los pies en el agua tratando de pisar los cuarzos que están sumergidos.

## Terapia energética número 2

**Necesitarán:**

❊ Barro corporal

❊ Agua

❊ Esencia de mejorana o albahaca

❊ 2 toallas previamente humedecidas muy calientes

❊ 2 toallas secas

**Procedimiento:**

Preparen el barro corporal con el agua y la esencia. Introduzcan sus pies hasta los tobillos en el barro, envuelvan cada uno en una toalla húmeda y al final en una toalla seca. Reposen al menos 30 minutos recostados con el barro puesto y los pies envueltos en las toallas.

## Terapia energética número 3

**Necesitarán:**

❊ 2 cubetas grandes de arena tomada de una playa

❊ 1 frasco de canela en polvo

❊ Esencia de albahaca o vainilla

**Procedimiento:**

Mezclen la arena con el frasco completo de canela y revuelvan. Pongan a hervir en 2 tazas de agua un frasquito de la esencia y tápenla. Introduzcan los pies en el interior de las 2 cubetas de arena y al mismo tiempo destapen el agua hervida con la esencia, acerquen la cara y respiren mientras descansan los pies sumergidos en la arena.

## Terapia energética número 4

**Necesitarán:**

✳ Esencia de sándalo

✳ Esencia de canela

✳ Esencia de lavanda

✳ Esencia de pino

✳ Esencia de vainilla

✳ 2 toallas húmedas calientes

**Procedimiento:**

Mezclen todas las esencias y dense un masaje directo en los pies hasta las rodillas, frotando sobre todo las plantas. Una vez hecho esto y cuando el aceite comience a ser absorbido por el cuerpo, envuelvan sus pies, aún con la mezcla de los aceites, con las toallas húmedas ya un poco templadas.

*Nota:* todos estos remedios involucran los pies y deben comenzar por ser aplicados directamente en las plantas ya que en ellas se encuentra un plano relacionado con todo el cuerpo humano. Por su parte, el centro del arco se relaciona con el alma.

## ALCANZANDO LA EVOLUCIÓN

Cada alma atraviesa por un proceso evolutivo particular y personal. No existen dos que hayan logrado evolucionar del mismo modo en el mismo lapso de tiempo. No se trata de una carrera contra reloj ni de una carrera para ver si llegan antes que sus conocidos. Más bien, es una carrera contra ustedes mismos, contra las ideas equivocadas en las que la sociedad, sus conocidos, su propio ser y la religión les han hecho creer.

Estamos cansados de ver cómo se pierden almas encadenadas a pasar más vidas sobre la Tierra por haber creído que ser un vándalo o terrorista y asesinar a sus semejantes por el simple hecho de no compartir sus ideas religiosas o políticas, o por buscar dinero fácil y mal habido, es la mejor forma de llegar a la luz. Esta idea es falsa y retrógrada en extremo. Ante nuestros ojos ningún grupo de almas es más valioso que otro por pertenecer a una u otra religión o a una etnia determinada. Nosotros sólo vemos almas y todas son absolutamente iguales.

No obstante, estamos obligados a hacerles ver que el camino del odio y el agravio a los demás es reprobable. Lo mismo ocurre con el concepto erróneo de que una mujer vale menos que un hombre a la hora de pagarle un salario. Dejen ya de adoptar posturas propias del oscurantismo y del escaso desarrollo del medioevo. No es posible que sigan considerando que la religión quiere que salgan a matar a una pobre víctima y eso los llevará al Paraíso. Esos actos cobardes y equivocados únicamente conducen al karma y al retroceso espiritual de un alma, a que ésta deba pasar muchas más vidas sobre la Tierra intentando sanear esta situación y en los lapsos de su muerte vaya a la oscuridad porque no se puede llegar directo a la luz si antes no se vivió en ella.

**¿Qué es vivir en la luz? Es:**

✳ Amar a sus prójimos.

✳ Respetar su alma y cuidar su óptimo cultivo mediante sus acciones.

✳ Entender que necesitan esforzarse por evolucionar.

❋ No traicionar a quienes les tienden la mano o confían en ustedes.

❋ No traicionarse a ustedes mismos ni a aquellos que los aman.

❋ Vivir en la verdad.

❋ Actuar en la justicia.

❋ Comprender que deben dar amor sin importar si lo reciben a cambio.

En efecto, cada hecho noble que efectúe un alma en la Tierra sin pensar en si éste será recompensado en el lapso de esa existencia, lo será ampliamente en el plano astral. Su alma no quedará sin gratificación por sus buenas acciones. Tal vez en infinidad de situaciones no haya justicia terrestre, pero existe con toda su plenitud la justicia astral y es absoluta.

Recuerden siempre que es preferible darse el lujo de ser y mostrar ante el mundo lo mejor de ustedes que perderse por la desilusión causada por los errores de la multitud. Al final, si se dejan perder por las bajas acciones de la multitud, ésta no estará allí en el momento en que su alma deba pagar con creces el karma acumulado.

El plano astral comprende una perfecta justicia divina, pero es comparable al sistema fiscal: nadie puede evadir el pago de las tasas de impuestos porque, aunque lo haga con regularidad, un día llegarán a buscarlo para que pague sus deudas. Así deberán presentar la cuenta final y con ella pagar las deudas acumuladas a través del karma obtenido en cada reencarnación.

No es posible que las almas evolucionen si no pagan previamente el karma que deben. Si viven realizando las mismas bajezas que algunas partes de la sociedad hacen, deberán afrontar que tendrán una cuenta infinita de karma por saldar y que seguramente habrán de vivir un sinfín de reencarnaciones dolorosas y difíciles para pagarla.

Siempre se ha pensado que la vida es injusta y que los miserables que viven en estado de pobreza extrema son las víctimas y los ricos lo son injustamente. En realidad, la situación es fruto de saldar karmas pasados y de obtener recompensas por el darma pasado. Aquellos que en esta existencia son ricos están siendo recompensados por actos elevados ocurridos durante otras existencias. Por su parte, aquellos que son pobres están recibiendo una lección presente porque en sus existencias pasadas hicieron mucho mal a otras almas; se espera que de esta forma comprendan sus errores y cambien su modo de actuar saneando así definitivamente el karma pasado.

Con lo anterior no quiero decir que se deba dejar de ayudar a los más necesitados mediante programas alimentarios y educativos y cambiando también sus erradas ideas sobre la religión. Dios no quiere que tengamos todos los hijos que nos mande. Dios, que es la unidad divina, quiere que tengamos sólo aquellos hijos a los que les podamos procurar lo indispensable: amor, alimentación, tiempo para compartir con ellos, educación, y seguridad social, emocional y económica.

Sabemos que cada alma presente en nuestro planeta está saldando karma pasado, pero eso no implica que debamos traer a este mundo a un alma más si de antemano se sabe que no estamos en posibilidad de brindarle lo mejor en todos los aspectos.

Ahora bien, cada alma posee dentro de sí la capacidad de girar todo su entorno hacia la luz y hacia la creación de las condiciones correctas para su óptimo desarrollo, pero esto requiere una gran fuerza, mucha constancia y no dejarse perder por los bajos sentimientos sino más bien evitar a toda costa caer en ellos.

En cambio, si nos guiamos siempre por nuestra luz interior y estamos en armonía con ella y con el universo, viviremos un proceso de expansión y, sobre todo, estaremos protegidos en todo contexto por la luz divina, que es la mejor protección que un alma puede obtener. No hace falta contratar guardaespaldas ni pagar por blindar su automóvil; si viven en la luz, todo su ser estará siempre seguro. Por muy difícil que sea la situación, saldrán airosos de ella de modo perfecto.

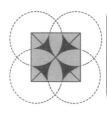

## EL ALMA Y SU CAPACIDAD PARA SER PROGRAMADA COMO ALARMA ANTE PELIGROS POTENCIALES

El alma humana –y la de los animales– tiene la capacidad de ser programada a medida que comenzamos a habituarnos al vaivén del movimiento más ligero que presenta Gaia, la madre Tierra. Cuando un ser vivo está en perfecta sintonía con el medio ambiente es capaz de magnificar las más leves vibraciones que preceden a un peligro inminente. Comprender y aprender a utilizar este simple vaivén como si fuera su mismo movimiento es la mejor oportunidad de ganar minutos que pueden ser cruciales para salvar vidas.

A través de meditaciones sencillas podrán entender y conocer su propio ritmo de movimiento que deberá ir siempre acorde con el del eje terrestre. Cuando logren sentir de modo consciente este movimiento como parte de ustedes, podrán tener la certeza del momento en que se avecina un peligro, ya que el vaivén deja de ser percibido al mismo ritmo. Esto genera una leve alteración en el movimiento del cuerpo humano sobre la faz de la Tierra y es un claro indicador de que minutos después se suscitará un movimiento telúrico, o bien en ese mismo instante ya está sucediendo uno en otra ciudad del mundo.

Un paréntesis apropiado: en el caso de peligros potenciales relacionados con otros individuos, esta alarma se detonará causando que tengan la certeza del peligro inminente que corren gracias a las vibraciones que ese otro ser emite al intentar encontrar el mejor modo de dañarles. Muchas veces una simple mirada certera por parte de la víctima potencial evita que el agresor actúe; al sostenerle la mirada le indica que ya identificó sus malas intenciones y su aspecto físico, sin necesidad de enfrentar ni pronunciar palabra. Pero, sobre todo, la posible víctima deberá guardar la calma y sentirse absolutamente segura de que el mal no se efectuará.

Cuando un ser humano aprende a captar los movimientos vibratorios propios, tanto de su alma como de su cuerpo, al presentarse un peligro potencial por movimientos telúricos sentirá que se sale de los planos[12] pero de un modo indirecto. Esto

---

[12] Todo ser físico o astral habita en un espacio astral o físico y corresponde a una dimensión y vibración. En el caso de seres físicos, al producirse un cambio repentino drástico o un evento traumático, éstos pueden desconectarse momentáneamente de su realidad física vibratoria

señala la inminencia del temblor y le lleva a percibir su inicio mucho antes de que en el epicentro se presenten sus ondas expansivas y réplicas.

Es fundamental que empiecen a comprender y a prestar mayor atención a los movimientos de su ser y a seguir las vibraciones de la madre Tierra, ya que no existe alarma más precisa que el movimiento de un ser vivo. Tras una tragedia a causa de terremotos, tsunamis, grandes incendios, tragedias marítimas o aéreas, guerras o atentados, además de prestar ayuda humanitaria, cada uno de ustedes tiene la responsabilidad de, mediante una meditación o bien de plegarias sinceras y amorosas, aportar luz que tanta falta le hará a los hermanos que han dejado su existencia humana de modo inesperado.

La mayoría de las almas humanas que mueren repentinamente en una tragedia de gran magnitud quedan en un estado de tremenda confusión y reviven varias veces el mismo evento traumático

---

y dimensional. De tal modo, por unos instantes pueden recibir información correspondiente a otras dimensiones: podrán ver tecnología que aún no existe en su planeta o regresar a una realidad que se vivió en éste siglos atrás. Cuando un ser sale de su propio plano tendrá sensación de mareo, vértigo, desaceleración o aceleración inmediata, lo que puede incluso generar una crisis que podría confundir con una detonante de locura. Esto se debe a que mira y percibe una realidad que no responde a la realidad y el plano natural en los que se desenvuelve normalmente.

sin entender que ya no deben padecer más por lo sucedido pues esto sólo aumenta su desasosiego. Es como si en su mente el hecho permaneciera como una réplica o ecuación al infinito. De ahí la importancia de que en meditación o profunda relajación pidan enviar y canalizar luz espiritual a esas almas para que pronto, y desvinculándose del trauma suscitado, puedan seguir su camino y encontrar de modo perfecto e inmediato el sendero hacia la luz.

Recuerden meditar siempre, aportando así una vital ayuda a sus hermanos, a nuestros hermanos. Háganlo en las primeras horas de la mañana y durante los tres primeros días posteriores al evento traumático, para cortar la cadena de dolor a la que están atadas las almas que perecieron en él, puesto que suelen no darse cuenta de que han dejado su cuerpo físico e inútilmente buscan entablar contacto con seres vivos en lugar de continuar su camino dirigiéndose hacia la luz.

Es esencial que cada uno de ustedes eleve muchas plegarias a favor de sus hermanos.

## EL ALMA Y SU SENDERO EVOLUTIVO

El alma humana es grandiosa, mágica, divina y noble. Lo único que se requiere es que se atrevan a efectuar una retrospectiva y ahondar en el interior de su alma, y que esto lo hagan todos los que moran en la Tierra. En la medida en que realicen este ejercicio y paulatinamente aprendan a vivir en su propia realidad plena de misterios, de sucesos, de unión con el mundo astral, comenzarán a comprenderse mejor, a liberarse de ideas erradas del medioevo que aún son presentadas como la verdad irrefutable.

Nosotros, sus hermanos astrales, estamos aquí en unidad con ustedes y les brindamos todo el conocimiento que tenemos en espera de solucionar y dignificar cada uno de los aspectos de su vida. Sólo necesitamos su ayuda. ¿Cómo pueden ayudarnos? Sencillamente, reconociendo la existencia astral de su alma; éste el punto de partida y de apertura a ese mundo. Cada alma tiene una existencia astral ligada a sí misma. Conforme ocurra esta apertura dentro de cada alma humana, la humanidad comenzará a convivir en perfecta armonía y justicia para todos.

No olviden, hermanos míos: nadie debe buscar justificar las acciones de otros si no comenzó por limpiar y liberar sus propios traumas espirituales. Amen con el alma, respeten desde ella a todas las formas de vida. Aprendan a hacerlo y a llevar una existencia y conducta más elevadas, mostrándolo en cada acción, sentimiento y palabra emitidos hacia sí mismos y hacia los demás. Cuando lo hagan, el mundo exterior comenzará a tornarse más noble y a tolerar su existencia en él. Verán que las miradas de extraños comienzan a ser más afables en su presencia. Esto se debe a que la ley de causa y efecto también actúa en el mundo astral y en todos los niveles vibratorios.

Ningún ser humano debe permitirse quedar eternamente aferrado al odio ni al dolor por las heridas de su ayer. Todo es transitorio y forma parte del crecimiento espiritual. Y, precisamente, crecer implica soltar las amarras del puerto, que en este caso lo constituyen sus heridas y sus odios. Estar sujetos a ellos sólo los perjudica a ustedes mismos. Aquellos a quienes odian no sufren por su odio, tan sólo se dedican a vivir. Aquellos a los que no perdonan no se ven afectados porque difícilmente les faltará su perdón; por tanto, siguen adelante.

Entonces, si todo avanza, ¿por qué quieren ustedes forzar las manecillas de su reloj existencial, forzar el mecanismo para que permanezca estático y sin progresar, forzar a su corazón a que cada instante las heridas sangren más y el dolor se incremente únicamente porque están habituados a mantener la cómoda situación de no enfrentarse consigo mismos?

Hermanos míos, evolucionen. Suelten esos bajos sentimientos para que ya no les perjudiquen. Sin embargo, esa labor sólo ustedes deben y pueden hacerla. La clave eterna para ello es el amor, el infinito amor que todo sana, todo libera y todo enriquece. Dense amor a sí mismos. Por encima de todo, quiéranse, protéjanse, valórense. Comprendan su plena grandiosidad divina; son perfectos, son tan amados por el mundo astral que esto colma toda su existencia de amor.

Si sus otros hermanos en la Tierra quieren perderse el privilegio de descubrirlos, ése es su problema, no el de ustedes. No sufran por las palabras pronunciadas por almas poco evolucionadas que suelen ser sumamente torpes, egoístas, lacerantes y poco inteligentes. No vale la pena, no repliquen a la ira profesada por el hermano poco evolucionado porque sólo generarán más ira. Si un hermano los ofende sin fundamentos, no le brinden importancia porque no la tiene y no es digno de que ustedes le presten la mínima atención.

Hermanos míos, cada día abrácense y repítanse cuánto se aman. Agradezcan al universo por su cuerpo físico en perfección divina. Si conocen algún hermano que no tenga salud y cuyo cuerpo sea imperfecto a causa de un accidente o desde su nacimiento, ámenlo y bendíganlo porque le presta un servicio. Decreten perfección divina en cuerpo y mente, en perfecta armonía divina, desde la elevación absoluta, para ese hermano que lo necesita. Si lo bendicen y decretan ese pensamiento hacia ese hermano cada día, en poco tiempo empezarán a ver una mejoría en él.

## CÓMO VE EL SER HUMANO A SUS HERMANOS Y QUÉ OBTIENE DE ELLOS

¿Alguna vez han pensado en el vínculo entre sus pensamientos y su relación con sus prójimos? En ocasiones es difícil, pero sí existe ese vínculo: si ustedes piensan que una persona es el peor ser humano, obtendrán de él las peores acciones hacia ustedes porque están decretando que esa persona es lo peor. Y si eso decretan, ¿por qué asustarse después de lo que ustedes mismos construyeron?

Busquen siempre el ser divino dentro de cada hermano que mora en la Tierra. Busquen la elevación y no la perdición. No miren las enfermedades, pues si lo hacen sólo lograrán atraerlas hacia ustedes. Tomen en cuenta que el miedo es una vibración sumamente poderosa. Por comprensible que sea, jamás piensen que contraerán la enfermedad que no desean. Si piensan en ella cada día, estarán nutriendo las vibraciones que harán que se sienta atraída hacia ustedes. Así, en un determinado momento, cuando sean más fuertes, el mal se tornará en su realidad porque alimentan la frecuencia correcta para contagiarse de ella. Lo mismo ocurre con las personas: si ustedes miran sólo lo peor en el interior de un ser humano, siempre obtendrán de él sólo lo peor. Es infalible, es la ley de la atracción.

Al igual que nosotros, los seres astrales, ustedes son energía. La única diferencia es que como viven en un plano físico, suelen olvidarse de que existe uno astral que se maneja al cien por ciento al utilizar el alto potencial de sus pensamientos y no sólo el bajo.

Si quieren una casa nueva, piensen que tienen ya en sus manos las llaves y no que no cuentan con el dinero para comprarla. Cambien cada duda que tengan por el pensamiento de que ya es suya. Después piensen en el color y la decoración de la casa, en cómo organizarán los espacios. De esa misma forma, aprendan a trabajar con la energía de sus pensamientos para obtener las mejoras que quieren. Comprendan que su lámpara de Aladino está en su mente.

Trabajen con esa mente visualizando en positivo y sólo en positivo todo aquello que quieran obtener, sin importar si en su presente las condiciones económicas no son las indicadas para obtener eso que sueñan. Recuerden que la fuerza de los pensamientos está asociada al universo y éste es el perfecto proveedor que no les brinda las cosas dependiendo de cuál es su árbol genealógico o a qué universidad acudieron, sino en función de cuán asertiva fue su petición astralmente. Trabajen primero con su mente para que puedan ver resueltas sus peticiones.

Sabemos que un proceso evolutivo significa un esfuerzo constante, cambiar muchos patrones mal encauzados que son el resultado de vicios sociales. No obstante, si se aman a sí mismos, si aman a sus hijos, desde muy pequeños deben enseñarles a vivir en busca de la elevación espiritual. Deben inducirse e inducirlos a pensar en su cuerpo como una herramienta para vivir sobre la Tierra pero sin que sea el único fin. Respeten su cuerpo y, sobre todo, respeten su alma. Báñenla cada día de pureza, amor, perdón y bondades infinitas. Agradézcanle que los mantiene con vida, comprendan que ella es ustedes en el grado más elevado, es su parte astral, el fundamento de su existencia.

# ¿CÓMO COMENZAR EL PROCESO EVOLUTIVO HACIA CONVERTIRME EN MAESTRO ASCENDIDO?

El evolutivo es un proceso largo que en esencia representa reconocer los propios defectos, comprender que debemos corregirlos y empezar a hacerlo.

Para experimentar este proceso, bendigan a sus hermanos humanos, animales y plantas. Olvídense de vicios: alcohol, tabaco, drogas, sexo sin amor. Cambien su alimentación, dejen de consumir carne y opten por el vegetarianismo. Otorguen a las cosas su justo valor, nada material puede darles amor. Compréndanlo y eviten tratar de llenar carencias afectivas con bienes materiales. Jamás hagan un mal al quitarle a otro ser un bien material que le pertenece. Toda acción de su parte regresará a ustedes tarde o temprano como un bumerán, cargada de la misma vibración energética que ustedes emitieron. Si se dedican a robarle a sus hermanos los bienes que han conseguido con su esfuerzo, no se sorprendan después si otro ser llega a robarles los bienes obtenidos con actos de violencia y deshonor.

Vivan con dignidad sin juzgar las acciones de los demás, pero sin caer en sus juegos banales. Trabajen con su fuerza interna, perdonen los agravios que los otros hubieran cometido hacia ustedes. Reconózcanse como seres divinos, así no dirigirán palabras ofensivas hacia sus semejantes. Entiendan que son parte de una unidad divina, hermanos de todos nosotros. Son ustedes nuestra luz como nosotros somos la suya. Son la bendición que necesita la Tierra y no sean la perdición de la humanidad. Acepten que cada vida debe ser respetada, que cada ser que habita en este planeta es importante y amado por nosotros. Si ustedes nos aman y se aman, deben amar a cada uno de sus hermanos porque en ellos están ustedes.

Olvídense definitivamente de la soberbia, de cometer abusos contra los otros, de considerar que cuando conducen su automóvil son los únicos que tienen derecho a utilizar las calles. Eviten atropellar con despotismo a sus semejantes, bien sean peatones u otros conductores. No actúen con violencia que generaría más violencia. No busquen incrementar odios entre sus colegas de oficina sólo para obtener un ascenso. No mantengan relaciones sexuales por conveniencia laboral o económica. No procuren el mal de ningún ser; ciertamente, no secuestren, no maten, no violen.

Conviértanse paulatinamente en seres serenos que honran las leyes cósmicas astrales y humanas porque cada una de ellas fue diseñada para que la sociedad pueda convivir en armonía. Tomen en cuenta que el hecho de que un hermano suyo pertenezca a otra religión o a otra raza no significa que valga menos que ustedes o no merezca respeto. Si sienten repugnancia hacia alguna raza sin saber el motivo de modo consciente, seguramente el sentimiento es reflejo de un dolor muy profundo relacionado con una existencia terrenal pasada. En este caso, no generen más odio, bendigan a los pertenecientes a esa raza y aléjense de ellos

**93**

¿Cómo comenzar el proceso evolutivo hacia convertirme en Maestro Ascendido?

en santa paz hasta que su herida esté totalmente saneada. Entonces, si lo desean, podrán estar en condiciones de descubrirlos y reconocerse en ellos, pero esto es una decisión personal de cada alma.

Tras la lucidez que proporciona la serenidad llegarán de la mano el amor hacia el universo, la bondad, la entrega a las misiones más elevadas que nosotros les brindaremos. Éstas no sólo representan una ayuda para la comunidad y una ayuda para nosotros que aligera nuestra carga de trabajo, sino también la autosanación y evolución para ustedes que les hará cambiar su visión del mundo y, en particular, su visión de sí mismos.

Aprendan a soltar de ser posible en su reencarnación actual sus fallas y todo el mal que por falta de amor llegaran a causar a sus semejantes. Deben tener el coraje de salir de la profunda fosa en que la sociedad los sumergió y ustedes creyeron que debían estar. Esa fosa está compuesta por los vicios, la falta de afecto y respeto y los actos déspotas hacia sus hermanos. Recuerden que la clase no la dan el dinero, un puesto alto en la sociedad o un apellido ilustre porque si sus acciones son bajas, lo mancharán dejándolo sin valor alguno; la clase la dan el amor, el perdón, la humildad y la evolución espiritual.

Cuando ustedes, hermanos míos, queden libres de sus debilidades en un 80 por ciento, estarán listos para comenzar su aprendizaje en busca de convertirse en maestros ascendidos si así lo desean. Cuando mueran deberán completar en el mundo astral el 20 por ciento que resta de pureza. Si se preguntan por qué, la razón es que es imposible que un alma humana que mora en la Tierra sea 100 por ciento pura en un contexto que está podrido en un 90 por ciento. Ese 20 por ciento de elevación y purificación sólo se puede obtener en un entorno que sea 100 por ciento puro.

No podemos pedirles el milagro de alcanzar la pureza perfecta cuando sabemos que el entorno difícilmente se los permitirá. Por lo mismo, consideramos que un alma que vive en un estado de pureza de 80 por ciento se encuentra ya en un estado óptimo para conseguir tras su muerte el porcentaje que le falta para iniciar su proceso de Maestro Ascendido.

El proceso de evolución y purificación espiritual debe ser constante, no se puede efectuar sin disciplina ya que requiere de una profunda y verdadera transmutación de los patrones de conducta, sentimientos y pensamiento. Este cambio debe surgir de una profunda necesidad de sanación y transformación de su vida cotidiana.

Cada uno de ustedes deberá aprender que es imposible solventar todo de forma positiva por sí solos cuando están sumidos en hábitos destructivos como maldecir, pensar siempre con negatividad, considerarse absolutamente autónomos para resolver sus problemas, muchos de los cuales sólo encontrarán una resolución óptima si ésta se busca encomendándola a un plano superior y no inferior. Cuanto más calma interior tengan, cuanto más confíen en nosotros, los seres de luz, y en nuestra ayuda para enfrentar con éxito sus dificultades, mejor y más inmediata será su perfecta resolución.

Aprendan a confiar en nuestra ayuda para dejarnos actuar con mayor rapidez, transmuten esos malos patrones que sólo bloquean la energía divina que debe irradiar desde el fondo de su alma.

Es necesario que se sientan conectados en cada momento con su divinidad y jamás se sientan inferiores en relación con otras almas. Sepan que sus almas son divinas, perfectas y capaces de lograr los más grandes milagros, así como de mirarse como seres llenos de luz antes de que esta energía sea lo suficientemente poderosa como para lograr hacer palpable una grandiosa transformación en su realidad física.

Desde ahora aprendan a imaginar que cada puerta está siempre abierta de par en par para recibirlos con afabilidad sincera y absoluta. Visualicen que esa puerta abierta es la luz de su alma que se encuentra con su similar en el alma de las demás personas con las cuales deberán interactuar.

**De tal forma:**

❋ Si buscan amor, primero considérense una enorme puerta blanca de amor que está abierta de par en par hacia los demás, hacia su semejante divino.

❋ Si buscan mejorar una situación familiar, imaginen igualmente que son una gran puerta blanca, pero que en esta ocasión está conformada por sentimientos de unidad e integración con los miembros de su familia o al menos con aquellos con quienes se quiera transmutar en positivo una situación.

❋ Si buscan empleo, imaginen que esta gran puerta de luz está totalmente abierta para atraer hacia sí el empleo mejor remunerado, el menos sacrificado, el más divertido y pleno de oportunidades de desarrollo a futuro; así captarán ese empleo perfecto.

❋ Si buscan salud, imaginen una gran puerta de color amarillento como la mantequilla y visualicen cómo desde su base paulatinamente se torna brillante hasta que se convierte en una puerta absolutamente blanca y radiante; en ese momento habrán encontrado el imán para atraer hacia ustedes la perfecta salud.

No pretendo que cambien y erradiquen sus malos hábitos de un momento a otro ni que pasen las 24 horas del día trabajando en su desarrollo espiritual, si esto implica que dejen de vivir y de ser productivos. Sin embargo, al menos durante 15 minutos al día hagan un esfuerzo sincero de meditación y visualización para transformar esta mala realidad en una realidad perfecta. En poco tiempo verán que las cosas empiezan a mejorar, como si se tratase de un simple soplo del viento. Conforme logren estos cambios positivos, deberán comprometerse a trabajar al menos cinco minutos más en el proceso evolutivo y de purificación de su alma.

El camino a la evolución de su alma debe ser genuino. Piensen en él como el mayor acto de amor a su alma, a sí mismos, a la existencia humana y al mundo astral, nunca como un acto mediocre. En el proceso espiritual no tienen cabida las acciones a medias. Condúzcanse con absoluta honestidad, comprendiendo y aceptando sus errores pasados y, gracias a esa conciencia, procurando no volver a caer en ellos.

Es fundamental que tengan la fuerza del sol para salir cada día y enfrentarse directamente a sus peores fallas. Cuiden que siempre afloren sólo sus mejores atributos, sin vacilar ante las provocaciones de otras almas menos evolucionadas. De nada sirve el arrepentimiento si no se acompaña de un profundo compromiso de erradicar conscientemente ese error pasado. No es válido decir

"Hoy maté y me arrepiento, pero mañana lo volveré a hacer" o bien, "Hoy me drogué y mañana no lo haré, pero el próximo mes sé que reincidiré".

La evolución de su alma es un profundo y riguroso compromiso con ustedes mismos, es aceptar la parte divina que existe en ella. Es, por tanto, colaborar desde su plano inferior para magnificarla y dejarla aflorar cada día con más naturalidad ante el mundo físico en toda situación, sin importar si antes fueron atacados por otros seres menos evolucionados que aún creen en la destrucción como modo de vida.

Si alguien los lastimó, limítense a bendecirlo, bendecir la situación, perdonarlo y olvidar el hecho. No vale la pena que pierdan tiempo y hieran a su alma por ofensas menores que sólo impiden que sea más pura, más auténtica y esté lista más pronto para su ascensión que será su liberación.

Imaginen que la vida terrenal fuera una prisión y la muerte, la liberación tan anhelada de la sentencia emitida por un juez.

Imaginen que en esa prisión tienen a su alcance todas las comodidades que deseen, pero jamás pueden elegir a dónde dirigir sus pasos, cuán lejos o cerca ir, si hacer el trayecto solos o acompañados, si elegir el sendero frente al mar o el que conduce al bosque.

Sueñan con salir a pasear y disfrutar nuevos paisajes, pero saben que mientras estén en esa prisión no podrán disfrutar de ese soñado paseo.

Las caídas que sufrirán al recorrer el sendero antes de conocer los peligros del trayecto equivalen a todos los tropiezos que su alma tendrá que afrontar en tanto no comprenda que, sin importar cuántas sean las injusticias de la sociedad, éstas tienen poca importancia, son obstáculos pequeños que no deben siquiera considerar que existen.

Si los demás les hacen un mal, cambien ustedes esta acción por una bendición hacia esas mismas almas. Procuren siempre acumular darma y no karma.

El karma no los conducirá a una prisión, como lo haría la Secretaría de Hacienda si no le pagan los impuestos, pero sí a tener que padecer más reencarnaciones y a afrontar pruebas de vida cada vez más severas mientras más karma hayan acumulado. Y todo esto por no tener la fuerza para ocuparse exclusivamente de su alma... es tan fácil, lo único que se requiere es una transformación del pensamiento y la decisión de cambiar todas sus acciones.

Hay grandes títulos sobre temas metafísicos que pueden leer para su desarrollo espiritual, pero poco útiles serán si no se comprometen desde el fondo de su alma.

Traten siempre de ganar puntos sin importar si todo el contexto parezca premiar a los que se guían por la inmundicia que surge de su ser inferior y de ese entorno.

La sociedad humana puede premiar la inmundicia y despreciar la bondad que eleva a un alma, pero, hermanos míos, sepan que en el mundo astral esta elevación siempre será premiada y la inmundicia siempre merecerá grandes pruebas. Aquí nada pasa inadvertido y quien crea que tras su muerte dormirá en un colchón de diamantes llenos de sangre derramada por otros, ha de saber que en el mundo astral tendrá que pagar sus deudas y pasar por una larga purificación.

Por su parte, a aquel que vivió sin merecerlo una existencia de lágrimas y que en forma errada consideró que nadie lo amó ni le brindó justicia en vida, el universo lo colmará de bendiciones infinitas.

Hermanos míos, aprendan a transmutar sus acciones, cuiden en todo momento sus pensamientos, sus acciones y la calidad de su alma. De esta forma, al llegar la hora de su muerte encontrarán la paz y tras su muerte podrán disfrutar las bondades del mundo astral.

No quiero que se sientan agraviados por mis palabras ni que consideren que constituyen un reproche; por el contrario, se trata exclusivamente de un acto de amor que les brinda todas las pautas que requieren antes de caer más en el abismo de sus errores.

Acepten que no vale la pena que vivan pensando, deseando y criticando las bondades de otra alma.

¿Qué importa si otro ser tiene más dinero, una mejor casa o una mejor pareja, o si puede viajar a tierras lejanas? Es su existencia y tiene derecho de vivirla como lo considere.

Ustedes, amados hermanos míos, en lugar de ocuparse de su realidad y de presumir a los demás las realidades propias o ajenas, aprendan a pensar más que nada en el proceso evolutivo de su alma. Ocúpense sólo de que su alma sea más elevada, pura y digna.

Hagan de ustedes mismos su propia obra de arte, tan majestuosa o perfecta como el David o La Piedad de Miguel Ángel. Sean ustedes aquel gran bloque de mármol y al mismo tiempo posean la gran capacidad de dar vida a esas esculturas. Sean igualmente la mente divina del escultor que comprendió dónde el mármol presentaba fracturas y cómo tenía que proceder para que esas fracturas no destruyeran su obra maestra.

Su principal guía debe surgir siempre de su interior. Sean valientes y mírense, como a la vida, siempre con la más alta dignidad de un alma, con absoluto respeto a su persona, su entorno, sus seres queridos, sus ideales, las leyes propias y sociales. Tomen en cuenta que no se puede recibir un privilegio si antes no se ofreció un acto de bondad sincera hacia sus semejantes. No pueden exigir que una sociedad respete sus derechos humanos si ustedes no respetaron antes los de sus hermanos. No importa si su justificante es la búsqueda de una mejor vida económica, no existe justicia que pueda aplicarse si no se basó en respetar las leyes preestablecidas.

Cuando busquen emigrar, en lugar de exponerse a ser maltratados y poner en riesgo su vida, trabajen primero con su mente a nivel astral para crear de ese modo la realidad que se anhela sin que ésta implique pasar por encima de las leyes o exponer su integridad personal.

Si bien hay un buen número de leyes humanas que deben ser respetadas para una correcta convivencia social, las leyes universales, las leyes astrales, todo lo pueden. Aunque un gobierno les niegue una visa mil veces, si su deseo es sincero y está libre de maldad, sólo deben pedirlo con gran amor y seguridad de que el universo les brindará una maravillosa transmutación de los acontecimientos, logrando abrir incluso las puertas que hubieren sido selladas con cemento y tabiques.

103

¿Cómo comenzar el proceso evolutivo hacia convertirme en Maestro Ascendido?

Por eso, si su alma es pura, si creen en nosotros y en esta conexión real que poseen con el mundo astral, lograrán vencer cualquier obstáculo, cualquier limitación que la sociedad les pueda imponer.

No hay fuerza más poderosa que el amor y el bien, y es así, hermanos míos, que por el más alto bien les obsequio la fórmula para que sean posibles maestros ascendidos. Siéntanse pues libres de toda religión, siempre y cuando obren con pleno amor, dignidad y bondad.

La inteligencia de su alma es el mayor potencial con que cuentan para transmutar su realidad hacia la elevación y la consecución de sus anhelos, aprendan a dirigirla con inteligencia creativa y constructiva.

Si cuando son pequeños y desean obtener un juguete, aprenden a visualizarlo y al conseguirlo en el mundo tangible se sienten satisfechos, ¿por qué entonces se han olvidado de dirigir su alma y sus pensamientos hacia los anhelos positivos? ¿Por qué sólo se acuerdan de esta capacidad para aferrarse a sus problemas que no pueden solucionarse desde un plano inferior?

Éste es un hábito negativo en el ser humano, pero deben trabajar para usar la fuerza de su alma y sus pensamientos de modo que siempre trabajen en pro de su bienestar y no, por el contrario, para poner piedras en su propio camino.

Hermanos míos, cuentan con infinidad de herramientas valiosas para su desarrollo. Lo importante es que aprendan a aplicarlas de forma correcta. Aprendan a leer el manual de uso de sus habilidades. Si ya conocen las instrucciones ¿por qué no seguirlas al pie de la letra? Si lo hicieran verían grandes cambios altamente positivos en su vida.

# DESCUBRIENDO
# EL PROPIO RITMO DE UN ALMA

Su alma tiene una vibración única e inconfundible, un ritmo que les permitirá desarrollar sus cualidades espirituales sin forzarse. Como en cualquier aprendizaje, deben seguir su propio ritmo. Cuando caminan solos por la calle no lo hacen al ritmo de los demás sino al suyo, el cual va aunado a sus necesidades internas que pueden o no conocer. Esto dependerá de cuán a menudo conversen con ustedes mismos; si lo hacen, seguramente comenzarán a ver grandes avances espirituales en su alma que desencadenarán cambios palpables en su conducta y pensamientos.

Si no es éste su caso, no se frustren, ténganse fe ya que nadie lo hará si antes no lo hacen consigo mismos. Mantengan la seguridad en que poco a poco encontrarán su camino y estos cambios comenzarán a fluir con sutileza y serán más visibles en las pequeñas cosas, como en el agradecimiento por la ayuda de otros hermanos. Agradecer por su salud e inteligencia, por sus problemas y retos, por su ser físico, astral y espiritual. Agradecer porque están aquí y ahora compartiendo esta maravillosa experiencia conmigo en esta hermandad entre ustedes y yo que somos un mismo ser.

Hermanos míos, sean conscientes de que nada atraerán que no sea de la misma frecuencia vibratoria que su alma, que no sea emitido desde su interior. Por eso, si quieren traer un ser noble a su vida, empiecen por ser nobles de espíritu. Si quieren atraer belleza, empiecen por considerarse seres hermosos. Si quieren justicia, inicien por actuar con justicia hacia sus semejantes. El alma vibra a la misma escala a la que estén dirigidos sus pensamientos, sentimientos y acciones y sólo permitirá que a su vida llegue aquello que sea su similar en esencia.

## El alma y sus errores

No hay que vivir lamentando los errores cometidos y, puesto que no se puede volver el tiempo atrás para no infringir las heridas que después no logran sanar, es de vital importancia que aprendan a callar y reflexionar antes de cometer cualquier tipo de abuso o agravio en contra de otro ser. Es la mejor medida que pueden tomar para evitar sufrir dolores ocultos que no consiguen eliminar de su alma.

Cada vez que estén a punto de explotar, antes de reaccionar por favor respiren de modo lento, profundo, y piensen que ustedes merecen lo mejor de sí mismos. Reflexionen antes de actuar o emitir un juicio que en un futuro puedan lamentar y que no contribuya a solucionar algún agravio, sin importar cuán grande fue o cuáles fueron las causales.

Si se encuentran ante un alma poco evolucionada, no desciendan a su nivel; ocupen su tiempo en crecer espiritualmente y en dejar que de la suya sólo irradie la luz plena que reside en su interior. Ésta es la mejor manera de evolucionar con pasos firmes hacia un futuro brillante.

Ahora bien, si el problema es tan grande que se ha salido de su control, entreguen el mismo al mundo astral bendiciéndolo antes de dormir. Dejen su perfecto resultado al mundo astral y dediquen su tiempo a acciones positivas en vez de acciones angustiadas.

Quizá les parezca un tanto ilógico, pero nosotros podemos liberarlos de grandes pesos de los que su alma no puede deshacerse; sin embargo, para que podamos actuar con el fin de desenmarañar la situación, primero deberán conducirse con optimismo, olvidar el asunto y realizar actividades que los relajen. Así, en lugar de ocuparnos en estabilizarlos, nos podremos centrar únicamente en resolver los problemas de cada alma humana.

## DECRETOS PARA CASOS DESESPERADOS

Los casos desesperados son aquellos en los cuales, independientemente de cuánto se haya trabajado antes buscando trasformar las circunstancias para sanear y terminar de solucionar una situación difícil, nada cambia, parecería que estuviera bloqueada la energía. Bajo estas circunstancias deberán elegir uno de los siguientes decretos, el que les atraiga más será el indicado. Repítanlo cada día al menos 10 veces hasta que comiencen a ver resultados positivos de su problema.

❋ Yo soy la absoluta luz
    que todo resuelve en perfección divina,
    que libera y transmuta mi realidad

de todo mal al más alto bien
desde este perfecto instante,
así es, así es, así sea.

✳ Yo busco la luz,
la paz que irradia del fondo de mi ser
calmando las desdichas del ayer,
porque yo soy expansión
que purifica y libera,
yo soy armonía y protección divina,
así es, así es, así sea.

✳ Protección total
yo soy en expansión y plenitud,
y desde aquí nada me perturbará
porque yo soy la violeta
protección que nada perturba
y que nadie daña,
así soy yo, violeta soy yo.

✳ El universo es mi protector
que me cubre y protege
a cada instante, a cada paso,
en cada dimensión existente.
El universo pone en movimiento
todos los detonantes
que antes bloquearon mi camino,
porque desde ahora
yo soy el universo en expansión,
en perfección divina,
así soy yo.

✳ El perfecto amor es la expansión
y la perfección yo soy desde aquí,
que nada me perturbe desde aquí,
que nada me limite desde aquí,
violeta yo soy
porque yo vivo solo en expansión.
Que la magia surja,
que el universo se mueva,
que la abundancia yo reciba,
porque violeta yo soy.

✳ Abundancia violeta soy yo,
abundancia de amor soy yo,
abundancia profesional, así soy yo.
Que nada me falte,
que nada me agobie,
que nada me disturbe,
así es, que nada impida
que la abundancia se expanda en mi ser,
en mi realidad física, astral,
mental y emocional,
violeta, abundancia divina en expansión,
violeta soy yo.

✳ Transmutación inmediata pido yo,
transmutación inmediata soy yo,
la luz, la perfección, soy yo,
que nada me perturba, que nada me daña,
porque la perfecta abundancia soy yo,
así soy yo, amén.

## REGLAS DE ORO PARA LA ELEVACIÓN DE UN ALMA

1. Tiende la mano a quien más te hirió
   porque en el ayer
   alguien a ti antes te perdonó.

2. Regala tu amor desinteresadamente,
   sin preocuparte por
   si obtendrás amor de regreso.

3. No actúes desde tu ser inferior,
   actúa siempre bajo la luz
   que irradia tu ser superior.

4. Regala bondad a quien te presente
   hostilidad.

5. Devuelve piedad
   a quien antes te ignoró.

6. Ayuda a tu prójimo
   sin importar
   su condición o religión.

7. Bendice cada realidad
   que toque a tu puerta
   y aprende a fortalecer tu alma
   con cada experiencia.

8. Ama a cada ser viviente
   y no temas demostrar ese amor,

sin importar si otras almas
se burlan por ello.

9. No promuevas la guerra
y expande la paz.

10. Honra tu existencia
y realiza acciones elevadas
que la ennoblezcan.

11. No critiques ni juzgues
a tus prójimos,
ocúpate únicamente
de tus asuntos.

12. Bendice cada realidad
y situación difícil
que te sucedan,
sólo así generarás
un cambio positivo en ellas.

13. Recuerda que tienes
un alma y un corazón,
actúa siempre con bondad.

14. Respeta siempre a cada ser,
pero comienza por respetarte a ti.

15. Permítete siempre
ser tú mismo,
pero trabaja para que de ti
aflore sólo
la parte elevada de tu ser.

En ocasiones el ser humano se convierte en su peor enemigo, atacándose con severidad. Es verdad que la belleza interior es la única realidad que posee un alma y ésta puede aflorar mejor cuanto más se acepten. Es cierto, la vida es una enseñanza, pero no tiene por qué ser un calvario.

Por consiguiente, no presten jamás atención a las palabras de sus hermanos inferiores que intentan en ocasiones ofenderlos porque desean descargar sus frustraciones o envidian alguna cualidad que admiran en ustedes y que ellos no tienen.

Las únicas palabras que deben tener peso son los análisis propios, pero también éstos habrán de ser justos y equilibrados para ustedes mismos. Tal vez existan seres con mayor belleza exterior que ustedes, pero jamás se resten mérito ni se castiguen buscando ocultarse de ustedes mismos ni de los demás.

Algunas personas se autocastigan flagelando su piel, otras flagelan su alma y otras más simplemente no quieren atreverse a descubrir su belleza física. Es verdad que cada uno de ustedes es diferente y tiene distintos rasgos de belleza física que pueden explotarse debidamente. Si el mundo no quiere descubrir esa belleza, corresponde a ustedes hacer un esfuerzo honesto por mostrarla. Les implica el mismo trabajo intentar ocultarse del mundo que mostrarse ante él.

Si los demás hermanos les dicen que son feos, lo peor que pueden hacer es creer en esa mentira y procurar, a nivel subconsciente, encontrar una imagen que sea la más repulsiva e inadecuada para ustedes. No se trata de que si otro hermano les ataca ustedes apoyen esa errada idea y le den fundamentos para lastimarse más. Si los tachan de feos o feas, su primera misión será no creer en esas palabras que les laceran y la segunda, hacer un esfuerzo por destacar sus puntos fuertes de belleza, bien sean sus ojos, sus labios, su rostro o su piel.

Todo ser humano posee algún tipo de belleza, sólo se requiere descubrirlo; si no se sienten capaces de hacerlo por ustedes mismos, recurran a un especialista. Descuiden, la metafísica no está peleada con el hecho de mejorar su imagen. Si lo consiguen, esto significa que se sentirán más en paz consigo, y aprenderán a aceptarse y valorarse óptimamente.

Además, cualquier acción suya que mejore su relación con su propio ser, hará lo mismo con la que mantengan con todos sus hermanos. Es ley de vida: quienes son más felices dan más de sí mismos a los demás. Entonces, si este simple hecho ayuda a que se sientan más felices, contribuirá a aumentar su plenitud y generosidad hacia sus congéneres. Al final, la metafísica únicamente busca que un mayor número de hermanos se sientan cada día más satisfechos y libres, aunque para lograrlo deban preocuparse primero de actos tan frívolos o banales.

Ustedes son muy importantes y no es pertinente si los demás quieren o no apreciarlo. Ante nuestros ojos son perfectos, majestuosos y vitales. Todos nosotros, los seres de luz astral, los amamos y queremos su óptimo desarrollo físico, económico, espiritual y emocional. Sin su presencia el mundo no estaría completo, así de vitales son para nosotros, y ante nuestros ojos nadie puede sustituirlos porque son divinos e irrepetibles; ésa es la magia de su existencia.

Nunca permitan que las palabras hirientes de otros hermanos afecten su integridad física, moral o emocional. Su espíritu sólo debe crecer y desarrollarse en plenitud bajo la ley de la expansión, que dice que, cuanto más capacidad de amar y de expandirse posean, más cerca estarán de alcanzar su divinidad sin afectar la de otros. Nadie puede darnos el amor que ustedes nos dan y nadie es capaz de amarnos más de lo que ustedes se amarán.

## LAS RELACIONES PERSONALES DE UN ALMA Y SU VÍNCULO CON EL DESARROLLO ESPIRITUAL

Cada alma que existe en el universo vibra de un modo particular y tendrá campos vibratorios afines a diversas actividades. Lo que a unos los colma a nivel espiritual, no necesariamente colmará a todos. Por consiguiente, ustedes forman parte del equilibrio energético del mundo astral y cada relación que mantengan en su vida, tanto física como astral, deberá estar correctamente encauzada a la expansión y al respeto de todo ser que como ustedes también vibre. Estas vibraciones son la característica de cualquier ser vivo, animado o inanimado.

Sepan que en la medida en que ustedes amen algún objeto, en esa medida reafirmarán la divinidad, en él presente, de la mente universal de la cual surgió la idea de desarrollarlo. De este modo podrían programar para su perfecto uso a todo objeto, pero también serán capaces de hacerlo más suyo. Esto representará sutilmente una protección invisible, ya que aquel que se acerque a su objeto o posesión con malas intenciones en forma automática se sentirá rechazado por las vibraciones del mismo. Y si ese rechazo es lo suficientemente fuerte como para causar un malestar físico, su pertenencia estará más a salvo que si compraran el seguro más costoso y con la cobertura más amplia.

Este principio puede aplicarse a la conservación de su empleo o a la mejora de sus relaciones interpersonales, porque todo vibra en el universo, todo evoluciona, y todo lo que ayer no estuvo listo para ser compatible mañana lo será a la perfección. A veces creen erróneamente que si en su ayer no se les dio una oportunidad, jamás la disfrutarán. En ocasiones esto se debe sólo a falta de asertividad al compaginar los tiempos y las oportunidades, pero eso no significa que no las merezcan o que no llegarán a su vida. Sencillamente, hace falta más tiempo para amasar ese y otros proyectos para su pastel de vida.

Si esto les ocurriera, en lugar de desmoralizarse consideren que la vida los ama con creces y si los obligó a detenerse fue con la intención de que reflexionen en el tiempo de cocción de su proyecto. Dicho amor los está obligando a reconsiderar los ingredientes de su pastel de vida para que al final el sabor sea mejor. De eso se tratan las lecciones de vida: de fortalecerlos, de brindarles enseñanzas valiosas para el resto de su existencia, y también para que en un futuro tengan la posibilidad de ayudar a otros si se los solicitan.

Si se asumen como seres imperfectos por haberse autoconvencido de ello y no reconocer en ustedes su perfección y elevación, se encontrarán sumergidos en los más bajos problemas. Ése no es el camino; el verdadero camino es considerar que son divinos, mágicos, poderosos, armoniosos y en proceso de expansión. Cuanto antes lo reconozcan y lo acepten en su propia realidad, antes llegarán los triunfos y las asignaciones astrales de mayor envergadura. Recuerden, nosotros pasamos ya por el mismo sendero que ahora recorren ustedes.

Amados hermanos, están en el tiempo de renacer, es su momento para eliminar los dolores enterrados en las profundidades de su alma. Ella requiere que la rediman y sanen, que puedan recuperar la libertad de su espíritu, su corazón, sus pensamientos y acciones. Despréndanse de toda atadura que los lastima. Su alma y todo su ser reclaman que se atrevan a efectuar una introspección y que con ella descubran qué tienen que dejar atrás y cuáles de sus fundamentos son certeros para su evolución espiritual.

Háganlo con total honestidad para consigo mismos ya que un proceso evolutivo espiritual jamás está condicionado a factores externos sino a factores internos. Nadie puede ni debe intentar inducirlos a evolucionar de un modo forzado. Toda evolución espiritual es perfecta y, por tanto, surge de una necesidad interior que se desarrollará de

modo espontáneo y natural, acorde a sus circunstancias presentes en este sentido.

Comprendan este proceso como el llamado de
su alma a prestar mayor atención a su verdadera
esencia, a su verdadera luz que pide a gritos ser
escuchada. ¿Por qué no se permiten dialogar consigo mismos como lo harían con algún conocido
por teléfono? La respuesta es simple: una llama-
da telefónica les cuesta dinero, en tanto que una
charla con su propio ser les cuesta enfrentarlo, au-
tocriticarse y encarar el severo juicio que provie-
ne de su interior; además, seguramente les traerá
como consecuencia lágrimas y grandes crisis.

Pero, hermanos míos, las crisis ayudan a ser más
libres, nobles y fuertes, a vivir en la verdad. Así, en
lugar de odiar a sus prójimos tras descubrirse víctimas de un engaño, deberían amarlos por permi-
tirles hallar esa verdad que, por más dolorosa que
resulte, los conducirá a vivir en ella, liberados de
medias palabras, de situaciones turbias, de rencor
y de compañías que en el momento presente tan
sólo entorpecen su desarrollo espiritual.

En consecuencia, cada crisis que sufra su alma
a largo plazo exclusivamente les habrá causado
un bien, por increíble que les parezca. Los retos y
las desdichas sólo deben traer como trasfondo bendiciones, dicha, crecimiento y autoconocimiento.
Recuerden, queridos hermanos, que no existe obs-

táculo alguno que enfrenten si antes no hay como trasfondo un plan divino.

Este plan divino actuará de un modo perfecto siempre que acepten que el universo en perfección divina los guíe a través de su yo superior para aprender más sobre sí mismos, para conducirlos al camino de la verdad, la liberación y la sanación. Esto ocurre simplemente porque no habrá reto que enfrenten si antes o en ese preciso momento su alma y su evolución no están listas para superar con éxito dicha prueba.

El universo no actúa en imperfección, sólo sabe actuar en perfección y, por tanto, ustedes tienen la voluntad de crear su realidad con base en sus deseos expresados en perfección, o al menos así lo considera el universo.

El universo no puede esperar a reflexionar si sus hondos anhelos fueron creados desde un nivel mental elevado o poco elevado. Sencillamente, si le dicen "Quiero un paseo", él les proporcionará el paseo, pero son ustedes quienes deben determinar si ese paseo será marítimo, por la ciudad, por la montaña o por la playa; igualmente, si lo quieren hacer en automóvil, en autobús, en tren o a pie, y si lo desean por la mañana, por la tarde o por la noche. Es fundamental que su alma y su mente aprendan a dirigir con total exactitud y claridad cada uno de los pensamientos que emiten sus ondas cerebrales y la inteligencia de su alma antes de lanzarlos al universo en espera de obtener resultados.

Bajo el mismo principio, si desean superar las crisis, romper viejos patrones malsanos que ya resultan arcaicos en su evolución presente –y como difícilmente escucharán a su alma si ella les solicita que lo hagan–, la única solución es enfrentarse a sí mismos, provocarse una gran sacudida que lleve a la reflexión sobre sus traumas, hábitos, relaciones personales, sueños y vicios de pensamiento, conducta y sentimientos.

Queridos hermanos, no cedan a peticiones de sus semejantes si consideran que la acción implicada lacera su piel, su alma, sus pensamientos o sentimientos, su futuro o su calidad de vida. No importa si quienes se lo solicitan sean sus padres, abuelos, hermanos, pareja, amigos o jefes; ningún ser humano debe aceptar que otra alma lesione su integridad y la someta a deseos egoístas que lo único que lograrían sería fracturar su alma y dañar sus chacras.

Sólo ustedes saben mejor que nadie qué los daña y qué no los daña, y según ese código interno deberán elegir cuál sendero es el mejor para ustedes.

Considérense como almas desprovistas de un cuerpo físico, de todo bien material, de toda relación social que pueda significar poseer privilegios desmerecidos. Olvídense de que tienen un apellido, una nacionalidad. Dirijan su mirada plenamente, constantemente, a su alma, esa parte astral que los mantiene en unidad con el mundo astral y que los sustenta diferenciándolos de un cadáver.

Esa alma maravillosa que aguarda en su interior a que la acepten y se atrevan a tomarla en cuenta es el único sustento real que justifica su existencia en el plano físico. Por ella, que es su verdadera esencia, deberán trabajar día a día para tenerla presente en su mente, en sus decisiones y sus acciones. Recuerden que todos los demás factores, incluyendo su cuerpo físico, son relativos. Durante sus múltiples existencias físicas cambiarán de cuerpo físico, idioma, pasaporte, entorno, profesión, contexto familiar, altura, ideología política, hábitos alimenticios o situación geográfica, pero nunca cambiarán de alma.

Ya asimilado este esquema les será fácil comprender por qué es de capital importancia que se ocupen en cada instante de su vida en purificar y elevar sus vibraciones y acciones. Esto les permitirá ser felices, encontrar la paz, descubrir lo que es vivir en armonía con el universo, con las ventajas que esto representa para un alma. Así como los pájaros vuelan rumbo al cielo, ustedes deben programarse y trabajar permanentemente con miras a la elevación de su alma, que es su espíritu, su divinidad y la única parte de ustedes que verdaderamente lo es desde siempre y lo será por siempre. Todo lo demás es superfluo, es una posesión inútil que un día dejará de corresponderles, pero su alma, hermanos míos, siempre les pertenecerá y será verdaderamente ustedes.

No se dejen guiar por la inferioridad de su ser, no se permitan perderse en espejismos ideológicos, sentimentales o de acciones pues éstos jamás los conducirán a un proceso evolutivo importante. Sean simplemente, con total honestidad, el mejor arquitecto posible de su alma presente en cada acción, sentimiento, pensamiento o reacción emitidos por algún contexto de su ser. Desde ahora y por el resto de su existencia tanto física como astral concéntrense en escuchar los consejos de su ser superior. ¿Cómo reconocerlo? Es fácil, el yo superior sólo sabe de humildad, respeto, amor y expansión.

Cada alma representa una elección y es el resultado de su propia elección ante sí misma, sea ésta de su presente o de su ayer. Su destino es la consecuencia irrefutable de sus decisiones pasadas y de los pensamientos que decidan construir. Independientemente de la putrefacción de su entorno, nunca permitan que su destructividad los aniquile o los lleve a un nivel inferior de aquel al que su largo proceso espiritual los ha conducido con grandes esfuerzos.

Por muy negro que esté el cielo o por terrible la tormenta que les ha arrebatado todo lo que hasta ese momento consideraron suyo, nada es eterno en el plano físico. Por tanto, nada es relevante más allá de su alma. Hermanos míos, no miren al mal, no le presten importancia a las tretas de los fracasados en el ámbito espiritual. Sean superiores a sus contrincantes sin tomar en cuenta la cantidad de fango que éstos lancen a la cancha de juego ya que de su lado ésta siempre está limpia, pero estén preparados para jugar en forma absolutamente impoluta.

La pureza de un alma sana karma por sí misma. Es la puerta siempre abierta a la undécima dimensión, es la posibilidad de comunicarse con sus seres amados que han dejado el planeta Tierra, es allí donde se gestan los sueños y se concretan los sentimientos. Sepan, amadísimos hermanos, que la ética espiritual jamás pasará inadvertida ante la mirada del mundo astral. En sus planos elevados se encuentra la victoria de su ser, la misión por la cual aceptaron pisar el planeta; allí cada acción gesta su propio destino próximo con base en los fundamentos que ustedes aceptaron contraer, en ese plano está su divinidad pura en expansión.

No se distraigan ante la suciedad de los demás, ante las encrucijadas que suelen ser injustas. Dedíquense siempre a enfocar correctamente sus pensamientos, acciones, sueños y retos hacia los grados más altos de evolución. Construyan desde esa realidad intangible para su mirada pero por completo tangible para su espiritualidad la verdadera fuerza de su ser que únicamente irradie en ustedes el amor, la verdad, la ética, la fidelidad, la armonía y la prudencia. De hacerlo así obtendrán recompensas, justicia y privilegios ganados con el esfuerzo constante de su alma.

## LOS 12 PASOS DE LA EVOLUCIÓN ESPIRITUAL QUE DEBERÁN EFECTUAR CON MIRAS A CONVERTIRSE EN MAESTROS ASCENDIDOS

1. Yo brindo siempre lo mejor de mi ser.

2. Yo perdono siempre toda ofensa comprendiendo que los demás se ofenden a sí mismos antes que ofender a mi persona.

3. Yo no me centro en el ayer, me centro en el ahora. Con éste me comprometo a sanar mi ayer sabiendo que así sanaré mi mañana y alcanzaré la plenitud evolutiva.

4. Yo me olvido de todo dolor y sólo me centro en expresar puro amor.

5. Yo no critico a ningún ser, comprometiéndome a aceptar que las críticas agreden al alma humana.

6. Yo guío mi existencia con total integridad.

7. Yo comparto mis posesiones, yo comparto mis conocimientos, yo comparto mis sentimientos siempre que éstos no agredan a ningún otro ser.

8. Yo me preocupo por ayudar a mis hermanos tanto como me sea posible siempre que este acto no me lacere, no me desgaste, no me limite, no me induzca a degenerar mi espíritu, mi cuerpo y mi mente. Reconozco que en la medida en que yo procure mi bienestar en humildad, en honestidad, sin recurrir a soberbia alguna, en tal medida ayudaré a mis semejantes puesto que sólo un corazón amoroso, un corazón que evoluciona en perfección está capacitado para ayudar a sus semejantes olvidándose del propio bienestar. La evolución debe ser equitativa, la ayuda debe ser equitativa.

9. Yo soy tolerante para con los tropiezos ajenos y los propios.

10. Yo bendigo cada ser, yo bendigo siempre cada situación, yo bendigo todo hecho, yo bendigo todo pensamiento, confiando así que detrás de todo suceso se encuentra en

plena acción el plan divino que promueve siempre sólo la elevación.

11. Yo acepto como única realidad el amor, yo sólo acepto el perdón, yo sólo acepto la verdad, yo sólo acepto la humildad, yo sólo acepto la piedad, yo sólo acepto la evolución espiritual.

12. Yo sólo actúo con amor, yo sólo otorgo y solicito el perdón total, yo sólo actúo con la voz de la verdad, yo sólo actúo con total humildad, yo sólo actúo con piedad, yo sólo me centro en trabajar para lograr la evolución espiritual.

Tomando en cuenta estos 12 pasos, si en mis manos está promover la evolución espiritual de otro ser, lo ayudaré en absoluto respeto, en absoluta dignidad, en absoluto silencio. Lo ayudaré de modo completamente respetuoso, de modo constante, de modo piadoso sin ejercer chantaje alguno, sin hacerlo dependiente de mí, respetando así todo vínculo, todo proceso evolutivo, todo cambio cíclico, todo tiempo, respetando así a cada alma.

La evolución es siempre un camino íntimo que deberá ser respetado, su inicio no puede ser jamás obligado si aún no es el tiempo perfecto del despertar espiritual.

La evolución espiritual no la guía una secta. No obliga a nadie a efectuar actos sexuales, a comprometer sus bienes patrimoniales, a alejarse de sus seres queridos, a dar un donativo por la mayor parte de su salario cada mes, a engendrar un hijo que no anhelan, a entregar a un hijo a una institución supuestamente espiritual. Estos actos bajos y distorsionados, hermanos míos, son indicativos de una secta.

La metafísica promueve la unidad respetuosa, callada y serena con toda forma de vida. Promueve el perdón, la humildad, la calma, la dignidad del ser. Les hace comprender que detrás de cada pensamiento, sentimiento y reto, exclusivamente se encuentra Dios, se encuentra la proclamación del amor sincero.

Los siguientes puntos son la mejor forma de constatar que se encuentran en el camino indicado de la metafísica de la evolución:

* Su relación consigo mismos mejorará.

* Sus relaciones con los demás seres vivos mejorarán y se sanearán.

* Su ser físico rejuvenecerá.

* Tendrán mayor energía sin haber cambiado sus hábitos alimenticios.

* Su piel lucirá más fresca.

* Su mirada se tornará más limpia.

✳ Llegarán a su vida seres más sanos, más evolucionados, más nobles.

✳ Instaurarán mejores acuerdos comerciales.

✳ Su salud mejorará.

✳ La desesperación paulatinamente desaparecerá.

✳ Los problemas comenzarán a tener soluciones perfectas y milagrosas.

## DECRETOS PARA TRABAJAR SI DESEAN SER EN UN FUTURO MAESTROS ASCENDIDOS

### Decreto para purificar el alma

Yo soy la fuerza universal
que en mí erradica todo mal.
Yo soy la total evolución
que en mí se gesta y se reafirma
en toda situación.
En cada acción así soy,
la voz que me sana,
la voz que guía siempre
mi perfecta evolución.
Así sea.

## Decreto para perdonar todo hecho que no ha sido perdonado

Yo soy la mágica luz
que se acrecienta en mi interior.
Yo soy la luz que me ama.
Yo soy la luz que me libera
de todo dolor.
Yo soy la luz multiplicada
ya en todo corazón.
Así todos sanamos siempre en perfección,
siempre en evolución.
Así soy yo.
La mágica presencia
que siempre se sana,
que siempre te sana.
Así ya es, así bien siempre será.

## Decreto para evolucionar

Yo soy así, el viento ligero
que desprende todo polvo,
que desprende toda imperfección.
Yo soy el viento ligero
que termina con toda laceración.
Así yo rompo aquí toda atadura,
toda indignidad,
todo recuerdo hiriente.

Yo los rompo ya desincrustando
toda imperfección de este mi divino ser.
Así yo logro la perfecta evolución
sanando pensamientos,
sanando sentimientos,
sanando oportunidades,
así me sano ya
para no volver la vista atrás.

**Decreto de liberación espiritual**

Yo me libero ya de todo dolor.
Yo me libero ya de toda ira.
Yo me libero ya de todo desamor.
Yo me libero de la falsa creencia
de falta de oportunidades.
Yo me libero de toda imperfección.

Yo te libero ya de todo dolor.
Yo te libero ya de toda ira.
Yo te libero ya de todo desamor.
Yo te libero de la falsa creencia
de la falta de oportunidades.
Yo te libero de toda imperfección.

Yo libero ya al universo mismo,
a todo ser que mora en él,
para obtener la perfecta liberación
ante todo dolor,
ante toda imperfección.

Así es y así bien será
para toda la humanidad.
Así sea, así será.

## LA EVOLUCIÓN Y EL COMPROMISO ESPIRITUAL

Hermanos míos, la evolución es un compromiso que en primer lugar hacen con ustedes mismos. La fortaleza que este proceso implica debe surgir de su propia alma y ser intensificada mediante todo acto piadoso, amoroso, que proclame la verdad, la justicia y la unidad en perfección. Esa fortaleza adquiere mayor solidez con la luz que aparece cada mañana siempre perfecta, siempre brillante, siempre suya. Cultiven sus cualidades espirituales puesto que sólo en ellas encontrarán la verdad de su existir, el amor auténtico, su unión con Dios y la sanación.

La evolución espiritual que logren de forma voluntaria durante su transitar por la vida terrenal les ayudará a eliminar karma y con ello reducirán las posibilidades de tener que afrontar una nueva existencia en el plano físico.

Consideren, amados hermanos, que las opciones evolutivas son vastas y son más sencillas de lograr de lo que suelen pensar. Todo es cuestión de reconocer que de sus pensamientos remitidos al universo, de sus palabras comunicadas a su prójimo, de sus sentimientos expresados a otros seres y de sus decisiones depende lograr una óptima evolución espiritual. O bien, ustedes mismos pueden estancarse en el fango de la indignidad, perdiendo un valioso tiempo e infinidad de recursos emocionales en autolesionarse, en hacer emerger de su interior sólo la bajeza espiritual que denigra almas, que destruye el amor y mina sus posibilidades evolutivas.

Ustedes pueden optar por actuar desde los mejores o desde los peores aspectos de su ser. Son ustedes y sus representaciones futuras expresadas en otros mantos corporales que tendrán en futuras existencias físicas los que deberán afrontar las consecuencias de sus elecciones presentes. Y, sea cual sea esta decisión, sépanse siempre bien amados por el universo, por nosotros, sus hermanos ascendidos. Pueden confiar en que siempre contarán con nuestro apoyo; sin embargo, nosotros no podemos intervenir para eliminar mágicamente el karma que hayan acumulado.

Así, por más tristeza que pueda ocasionarnos mirar cómo construyen su propio karma, antes o después, es decir, en esta o en la próxima experiencia de vida, serán ustedes mismos los que dolorosamente deberán sanarlo. Además, tomen en consideración que las cuentas kármicas no desaparecen con la muerte, siguen vigentes hasta que sean sanadas por completo. No hay plazo de expiración para ellas.

Sin importar a quién hayan intentado dañar, los seres realmente perjudicados serán siempre ustedes mismos:

❋ Quien ofende se ofende a sí mismo.

❋ Quien denigra, se denigra.

❋ Quien calumnia, se calumnia.

❋ Quien es déspota, se desprecia.

❋ Quien odia, se odia.

❋ Quien traiciona, se traiciona.

❋ Quien asesina, asesina sus posibilidades evolutivas y, más aún, asesina la posibilidad de ser amado.

❋ Quien miente, se miente demostrando que no se considera valioso.

❋ Quien arremete contra sí mismo, demuestra que no se considera un ser fuerte.

Hermanos míos, detrás de cada una de sus agresiones existe una única verdad: ustedes se repudian, no se aman, no son dignos de su propia alma, no se consideran valiosos para el universo, agreden y laceran su comunión con Dios, no comprenden la bendita oportunidad que tienen de sanar la mayor parte de su karma al transitar por la vida terrenal. Y, peor aún, se están faltando a sí mismos y a la promesa que se hicieron antes de nacer de sanar su karma para evitar después la dolorosa experiencia de la existencia terrenal.

Si ustedes intrigan, traicionan, denigran y calumnian, si someten y hieren a sus semejantes, si asesinan, torturan y ofenden a otras criaturas, si lucran con la desgracia ajena, si tratan a sus empleados como esclavos, si abusan de su poder para corromper, abusar, ofender, lacerar o atormentar a otro ser vivo, sea quien sea, sepan que de nada les servirá acudir a una iglesia, un templo o una mezquita y no existirá guía espiritual sobre la Tierra que pueda liberarles del gran karma que sus acciones hayan generado. Aunque ayudados por la corrupción construyan una iglesia, un templo o una mezquita, no lograrán comprar a Dios ni comprar favores de nosotros sus hermanos, los maestros ascendidos.

Una petición: en la arquitectura de la vida no construyan ofensas, odios, duras lecciones futuras, su propia denigración, bajezas, despotismos, soberbia, críticas o desamor. Más bien, construyan amor, igualdad, bondad, perdón, humildad, evolución, bienestar, ética, dignidad, amor y liberación. Construyan siempre lo mejor de su alma, de su corazón, de sus pensamientos.

Así comenzarán a ver cambiar su entorno, sus relaciones personales, su relación consigo mismos, su relación laboral, su relación espiritual. En pocas palabras, así lograrán los altos privilegios que siempre han anhelado.

 **MEJORANDO LA EXISTENCIA**

Para mejorar su existencia, tomen en cuenta lo siguiente:

* La fealdad no está en su físico, sino en su alma si así lo deciden.

* La falta de oportunidades no está en su entorno, sino en sus pensamientos.

* La falta de amor no está en su cartera, en su carácter o en sus defectos como ser humano, sino en sus actos.

* La falta de dinero no es culpa del bajo salario que reciben, sino de sus acciones pasadas aunadas a la falsa creencia de que la abundancia sólo es para unos cuantos.

* La falta de comunión con Dios no está en Él, sino en la falta de aceptación de Dios y de su existir por parte de ustedes. Si no le aman ni le honran mediante sus conductas elevadas

no pueden acceder a la verdadera comunicación con Él. Dios no está presente en un templo ni en un libro de oraciones. Si quieren honrarlo, si quieren encontrarlo, háganlo a través de sus acciones, pensamientos y palabras cotidianos, a través de la elevación espiritual que construyan cada día.

## QUÉ NECESITAN PARA MEJORAR SU EXISTENCIA

✳ Confiar en la perfección del universo.

✳ Confiar en las bondades del universo.

✳ Construir pensamientos positivos.

✳ Colmar de sinceridad su vida en todo ámbito.

✳ Otorgar y solicitar el sincero perdón.

✳ Otorgar amor en todo acto, en toda palabra, en todo pensamiento.

✳ Expresarse con respeto siempre en cada palabra, pensamiento y conducta hacia todo ser, sin hacer uso de malas palabras que sólo vibran en baja escala, es decir, que sólo acarrean a su realidad a seres de vibración nefasta que les causarán problemas.

* No denigrar a nadie en ningún aspecto o contexto, ni bajo pretexto alguno.

* No mostrar bajeza espiritual, moral, emocional o educativa. No merecen eso de sí mismos; más bien, merecen destacar sus cualidades, expresando su alteza espiritual, emocional, mental y moral.

## Qué necesitan para mejorar sus relaciones personales

* Expresar sus sentimientos cuidando de no herir a nadie, no tienen derecho a hacerlo. Siempre hay un modo perfecto de terminar una relación o bien de negarse a iniciarla si no están seguros de ella; no obstante, deberán hacerlo de modo digno, sin ofensas, sin denigrar al otro ser, sin considerarse superiores a nadie.

* Aprender a no agredir a ningún ser bajo ningún motivo.

* Aprender a escuchar las opiniones y las necesidades de la contraparte.

* Aprender a no tomar la crítica como una ofensa personal.

* Aprender a guardar silencio cuando están alterados, indignados o deprimidos.

* Aprender a respetar sus propios espacios e intereses, así como los de su contraparte.

* Aprender a regalar sonrisas sinceras y no ofensas.

* Aprender a dar lo mejor de sí mismos ante toda situación.

* Aprender a no dejarse influir por las críticas ajenas y erradas.

* Aprender a seguir sus sueños y proyectos sin importar las dificultades aparentes que encierren.

* Aprender a perdonar con sinceridad y humildad; sólo así obtendrán el perdón ante sus propios errores.

* Aprender a reconocer la valía de las cualidades espirituales de un ser, y no valorarlo en función de su poder, sus fondos bancarios o su belleza exterior.

* Alejarse de la soberbia, la indignidad, la mentira, la traición, la humillación, el despotismo, la calumnia, el odio, la depravación y la prostitución espiritual con todo lo que ésta engloba. Así dormirán cada noche en calma y serán plenamente felices cada instante de su vida.

A manera de conclusión, les bendigo y transmito el profundo amor que los maestros ascendidos sentimos hacia ustedes, nuestro gran anhelo de ver pronto a todos tornar a la luz. Quienes anhelen vivir en la luz, verán a ésta abrirse camino de forma autónoma para brindarles las enseñanzas que requieran en los tiempos precisos, respetando siempre su nivel evolutivo.

Todos aquellos que quieran tomar mi mano y comenzar su camino evolutivo, siéntanse en absoluta libertad para acudir a mí, para llamarme en momentos de dudas y necesidades. Mi mano está aquí, siempre tendida hacia ustedes y para ustedes.

Nosotros, los maestros ascendidos, los amamos tanto que queremos ver que en poco tiempo regresan a casa. Anhelamos que se cumpla nuestro sueño de saber que cada alma humana se liberó de los traumas y errores pasados y desde ahora sólo se expresa en magnitud, armonía y divinidad, en toda acción, en toda situación.

Tengan presente que el amor es unidad y el egoísmo, perdición. Desde ahora y conforme se acople Gaia, el planeta Tierra, con el mundo astral de la quinta dimensión, en esa medida éste estará más abierto y más a su alcance sin importar la hora del día en que se busque entablar el contacto.

Nuestro amor los envuelve siempre, nuestra guía los acompaña en sus pensamientos y acciones y nuestras bendiciones los protegen permanentemente. Lo único que necesitan es reconocerse en nosotros, en nuestra unidad y desde nuestro amor que debe crecer y aflorar en su alma.

Aprendan a reconocer su fragilidad ante las acciones que sólo son lecciones que Gaia les presenta. Cuanto más la amen y bendigan, más la sanarán y cuanto más sana esté ella, menos desgracias naturales ocurrirán en el mundo. Amen a Gaia, ésa es la verdadera solución si quieren vivir en un planeta más seguro para todos ustedes.

La evolución espiritual les brindará una maravillosa transmutación de los acontecimientos logrando abrir incluso hasta las puertas que hubieran sido selladas con cemento y tabiques. Por eso, si su alma es pura y cree en nosotros y en esta conexión real que entabla con el mundo astral, logrará vencer cualquier obstáculo o limitación que la sociedad pueda plantearle. No hay fuerza más poderosa que el amor y el bien y es así, hermanos míos, que por el más alto bien les obsequio la fórmula para que sean posibles maestros ascendidos. Por tanto, siéntanse libres de toda religión, siempre y cuando obren con amor, dignidad, respeto y bondad plenos.

Permítanse sonreír, amar, perdonar, vibrar, elevar su ser a su máxima potencia. Permítanse evolucionar y liberarse de todo acto de baja vibración. A partir de ahora, sean siempre su propia luz en expansión, el mejor ejemplo para su prójimo, reforzando la cadena de amor y elevación que libera y sana. Así, en un mañana los recibiremos con los brazos tendidos hacia ustedes y festejaremos juntos su elevación como ya lo hacemos en cada progreso que alcanzan. Gracias por recibirnos en su alma.

Desde tiempos remotos ustedes han solicitado nuestra ayuda, bien sea a través de una oración, un pensamiento o una simple y hermosa frase. Sepan que en muchas ocasiones no hemos respondido a sus plegarias con la rapidez que ustedes hubieran deseado. Esto se debe a un factor llamado tiempo.

Permítanme hacer un pequeño paréntesis para explicarles brevemente la diferencia entre su tiempo y el nuestro. Aquí en esta dimensión intangible donde vivimos el tiempo viaja mucho más rápido que la velocidad de la luz porque en seguida de emitir un pensamiento éste se materializa. En cambio, en el plano terrestre se requiere un ejercicio constante de visualización para lograr fortalecer los pensamientos antes de poder verlos materializados.

Una vez comprendido esto, quizá les resulte más fácil entender por qué a veces nuestra ayuda resulta más o menos inmediata. No es que tengamos preferidos ni que amemos en mayor o menor grado a algunos en particular. Nuestros corazones están colmados de amor suficiente para entregárselo a cada hijo de la madre Tierra, sea un hermano humano, animal o planta. Lo crean o no, todos tienen alma y vida, sufren y gozan por igual. Acaso la única diferencia radica en dos principios: los niveles vibratorios de cada hermano y que algunos —como los pertenecientes al grupo de las plantas— no poseen una voz física; se comunican con ustedes y con nosotros, pero para comprender su idioma hace falta aprender a conocerlos, amarlos, respetarlos, pasar tiempo y compartir el silencio con ellos. Una vez entablada la relación, le revelarán a algunos de ustedes sus secretos y sabiduría, pero, como en cualquier relación, primero hace falta ganarse su confianza.

Hermanos míos, les agradezco por formar parte de mi ser, por estar aquí compartiendo mi misión, por vibrar. Agradezco su infinito amor y curiosidad, sus desplantes, errores, dudas y miedos. Agradezco que me enfrenten a mí mismo, llevándome a descubrir y reafirmar que todos somos iguales, sin importar si ustedes cuentan con un cuerpo físico mientras que yo soy ya sólo un ser astral. Somos unidad divina y perfecta, y a mí corresponde otorgarles las herramientas clave para llegar con éxito al mundo astral, para lograr sanearse, evolucionar y recuperar la alegría y la pureza con la que se proyectaron durante su tierna infancia.

Atrévanse a ser merecedores de sus cualidades, sus éxitos y sus lecciones. Aprendan a retarse, a redescubrirse en infinidad de circunstancias. De esta manera quedarán sólidamente cimentadas las bases para llegar a ser en un futuro un Maestro Ascendido. Recuerden, no necesitan estar libres por completo de errores, pero sí arrepentirse profundamente de ellos y proponerse no volver a cometer los mismos.

Es importante que se dispongan a recomenzar de cero, pero esta vez hacerlo bajo las leyes de los fundamentos más elevados, ésos que están desprovistos de todo mal, libres de egoísmos, bajezas, envidias, intrigas y mentiras. Sean, por tanto, la más pura y verídica esencia de **su yo superior, del yo superior de cada ser humano.**

**Hermanos míos, atrévanse y aprendan a:**

✻ Ser los escultores y la propia arcilla de su evolución espiritual.

✻ Ser plenamente felices.

* Reencontrarse con su alma en pura elevación.

* No agredir.

* Bien amar.

* Honrarse a sí mismos.

* Conducir una existencia limpia y cristalina cual agua de río.

* Soñar.

* Perdonar.

* Sanar.

* Evolucionar.

* Bendecir al recibir una ofensa de sus semejantes.

* Dar signos de grandeza cuando deban combatir situaciones de miseria espiritual.

* Abrazar al enemigo con infinita bondad; en él encontrarán al hermano perdido.

* Respetar al universo para reconectarse con él.

* Bendecir los problemas para que antes termine la lección que en ellos se esconde.

* Hacer de su existencia un hermoso jardín que sea útil para sus semejantes aun cuando no tengan la fuerza de sonreír.

❋ Llorar para soltar emociones enterradas, pero posteriormente afrontar el compromiso de no volver a prestar más atención a un pasado doloroso.

❋ Volar por sí mismos confiando en su propio poderío.

❋ No comprometer su dignidad humana ni espiritual bajo ningún pretexto.

❋ Soltar el ayer.

❋ Valorar el presente.

❋ Valorar y cuidar el amor que reciben.

❋ Reconocer en humildad sus propios errores.

❋ Bendecir sus propios errores porque sólo así aprenderán de ellos y les sanarán.

❋ Esperar lo mejor de todos los seres vivos y no programarse a recibir únicamente los peores defectos y las peores agresiones de ellos.

❋ Recibirnos en su existir porque nuestros corazones están colmados de amor y protección hacia ustedes y hacia sus seres queridos.

❋ Aceptar que sólo merecen las más grandes oportunidades, las más grandes bendiciones, el mejor empleo, la mejor relación, las altas oportunidades porque así encontrarán la llave para atraerlas desde el astral y sustentarlas en su realidad cotidiana.

Ustedes son la luz y a la luz deben regresar. En ella hallarán la claridad que requiere su cerebro, el perdón que busca su corazón, la alegría de la sanación. En ella se abrirán las grandes oportunidades que tanto anhelan y se reconectarán consigo mismos. Porque ustedes fueron creados directamente de la luz de Dios y son la máxima representación de la luz.

De tal forma, es su compromiso honrarla, y únicamente a través de ella lograrán coronar de bendiciones y oportunidades elevadas su existencia.

Mis amados hermanos, no hay tiempo que perder, por favor, vuelvan a la luz.

> **No hay luz que no genere más luz, ni oscuridad que, aun sin saberlo, no busque alcanzar la luz.**
>
> **Su fiel hermano que les ama y les protege incondicionalmente.**
>
> **Saint Germain**

## PLANILLA PARA ENTREGAR PEDIMENTOS DE AYUDA AL MAESTRO SAINT GERMAIN

Es posible solicitar ayuda al Maestro Saint Germain, y para ello les facilitamos esta planilla.

## Instrucciones

1. Inicien el pedimento el día correspondiente a su signo zodiacal:

| | |
|---|---|
| **Lunes** | Cáncer |
| **Martes** | Aries |
| **Miércoles** | Géminis |
| **Miércoles** | Virgo |
| **Jueves** | Sagitario |
| **Viernes** | Libra |
| **Viernes** | Acuario |
| **Viernes** | Tauro |
| **Sábado** | Capricornio |
| **Sábado** | Piscis |
| **Sábado** | Leo |

2. De preferencia, háganlo a la hora de su nacimiento y después del baño. Esto ayuda a que las energías asociadas a la trasmutación sean más potentes.

3.  Elijan entregar primero las situaciones que les resulten prioritarias, en el siguiente orden: primero se entrega la situación más imperativa, luego la que le sigue en urgencia y así sucesivamente. Sin embargo, es necesario que esperen a ver una mejora en la solicitud que entregaron primero antes de solicitar la siguiente.

4.  Cuando haya más de una situación apremiante, lo recomendable es entregarle las dos simultáneamente, pero no más de dos ya que cuanto más situaciones se entreguen al mismo tiempo, menos energía se destinará a dicha situación y esto retrasa los resultados.

5.  No entreguen la situación si se encuentran en un momento de crisis, furia, enojo o depresión. En estos casos se aconseja esperar a estar tranquilos o por lo menos con un estado de ánimo neutral antes de entregar las situaciones por sanar al Maestro Saint Germain.

6.  Pueden entregar al Maestro Saint Germain cuantas situaciones quieran, pero para que el resultado sea perfecto, tras hacerlo, hay que olvidar el problema. De no ser así, aumentarán su angustia y sus temores, y esta negatividad asociada puede causar demoras o bien interferir en el óptimo resultado del pedimento (en casos en que el poder del pensamiento y la

negatividad de la persona sean muy fuertes, incluso pueden llegar a anularlo por completo).

7. Recorten una de las fotografías del Maestro Saint Germain, y péguenla en una hoja de papel. Escriban su nombre completo, el nombre completo de los implicados en la situación, una descripción muy breve del problema, las palabras amor, transmutación, luz, el número 1116 y la leyenda "así sea en perfección".

8. Al terminar el pedimento, pónganlo en un sobre blanco o morado con tres hojas de laurel y una cucharadita de canela en polvo, para proporcionarles calma mientras transitan en esta situación y purificar la energía. Coloquen este sobre entre su colchón y su almohada y olvídense de él, permitiéndoles al Maestro Saint Germain y al universo actuar.

9. Antes de dormir, repitan el siguiente decreto:

Yo soy la perfecta sanación emocional,
yo soy la perfecta sanación económica,
yo soy la perfecta sanación espiritual,
yo soy la perfecta salud física,
mental, emocional y material.

Yo soy la perfecta sanación
de toda intención,
de todo pensamiento,
de todo sentimiento,
de toda palabra.

Yo me sano de todo hecho,
yo me sano de todo recuerdo,
yo me sano de toda imperfección.

Así yo sano en la misma perfección
a todo ser de toda problemática,
de toda escasez, de toda intención,
de todo sentimiento.

Así comparto y promuevo esta sanación
siempre en perfección para todo ser
en todo instante, ante toda situación.
Así ya es, así siempre
en perfección universal, así será.

Repitan este decreto en una serie de 3 veces al día durante 3 días. Después, una vez al día durante 18 días, una vez al día durante 16 días y se termina con 12 repeticiones durante 12 días.

10. Cuando el pedimento se cumpla y se resuelva la problemática, bendigan la situación, bendigan la enseñanza y a todo ser implicado. Enciendan una vela de color morado en la cual se puede quemar el pedimento para agradecer y purificar toda energía residual.

O bien, si lo prefieren, guárdenlo en el mismo sobre y al final del año rompan los pedimentos concedidos bendiciendo el aprendizaje y a todo ser relacionado.

De optar por guardar en el sobre los pedimentos, pongan todos en una caja de madera limpia con 6 hojas de laurel que deberán cambiarse cada mes.

Por último, depositen en el universo y en el Maestro Saint Germain su confianza total en que la situación será resuelta siempre por el más alto bien de todos los implicados.

*Esta obra se terminó de imprimir*
*en noviembre de 2013, en los Talleres de*

*IREMA, S.A. de C.V.*
*Oculistas No. 43, Col. Sifón*
*09400, Iztapalapa, D.F.*